세상을 흔들어라

세상을 흔들어라

지은이 전병철
펴낸이 김명식
펴낸곳 (주)넥서스

초판 1쇄 인쇄 2015년 8월 1일
초판 1쇄 발행 2015년 8월 5일

출판신고 1992년 4월 3일 제311-2002-2호
121-893 서울시 마포구 양화로 8길 24
Tel (02)330-5500 Fax (02)330-5555

ISBN 979-11-5752-472-3 03230

www.nexusbook.com
넥서스CROSS는 (주)넥서스의 기독 브랜드입니다.

Rocker 목사 교수의

세상을
흔들어라

전병철 지음

넥서스CROSS

프롤로그

나는 Rocker 목.수.다

나를 처음 만나는 사람들은 내가 대학 교수일 것이라고는 상상
도 못 한다. 게다가 신학 대학교에서 기독교 교육 영성과 리더십을
가르치는 기독교 교육학 교수이자 목사라고 하면 고개를 갸우뚱
한다. 그도 그럴 것이 치렁치렁한 긴 머리를 뒤로 묶고 다니는 목사
나 교수는 한국 사회에서 상상할 수 없기 때문이다. 하지만 누가 뭐
라고 해도 나는 "Rock과 힙합 정신"을 가르치는 교육자다.

나는 늘 복음이 'Rock'이라고 주장한다. Rock은 두 가지 의미
를 가지고 있다. 하나는 동사로 '흔들다'라는 뜻이고, 또 하나는 명
사로 흔들리지 않는 '반석'이라는 뜻이다. 복음은 우리의 삶을 흔
들고, 동시에 우리의 삶이 복음에 뿌리를 내리면 세상 속에서 흔들
리지 않는 반석 같은 믿음이 된다. 조금 엉뚱하다 싶겠지만, 나는
하나님이 Rocker라고 생각한다. 성경을 읽다 보면 Rocker이신
하나님이 우리의 인생에 개입하시고 하늘과 땅, 그리고 인생을 흔
드시는 것을 여러 번 발견할 수 있다.

나는 1998년 풀러신학대학원에서 석사 학위를 받고 그 이듬해

인 1999년, 꽤 늦은 나이에 대한민국 육군 사병으로 입대했다. 쉽지 않았지만 그렇게 병역의 의무를 마치고 제대하니 만으로 딱 서른이었다. 그때는 박사 학위를 받기 전이었는데 운 좋게도 한동대학교 강의전담 교수로 임명받아 학생들에게 내 전공과 상관없는 영어를 가르치기 시작했다.

심리학 전공자가 대학에서 영어를 가르치게 된 사연은 이렇다. 어려서 미국으로 이민해 UCLA에서 영어교수법으로 학위를 취득한 선교 단체 후배가 있었다. 그 후배는 한동대학교 국제어문학부에서 3년 정도 학생들을 가르쳤는데 어느 날 사정이 생겨 급하게 미국으로 돌아가야만 했다. 그는 전공 불문하고 원어민 수준으로 영어를 구사하면 된다며 나를 학교에 추천하고는 떠나 버렸다. 강의는 이미 개설되었고, 사람을 구할 시간은 촉박하고, 그래서 졸지에 내가 영어를 가르치게 된 것이다. 하나님이 일하시는 방법은 참으로 재밌다. 그렇게 1년여 동안 강의하며 내게 가르치는 은사가 있다는 사실을 발견했고, 임상 심리학 공부를 접고 교육학을 전공하게 되었다.

그때 학교 내에 몇몇 분이 안식년 동안 신학을 공부하여 목사 안
수를 받고 목회와 교수 사역을 병행했는데, 그렇게 목회자이자 교
수였던 분들을 한동대학교에서는 '목수'라고 불렀다. 나 역시 비록
목사 안수는 안 받았지만 신학교를 졸업했고, 청소년 사역을 하다
가 군대에 다녀온 터라, 그때부터 목수로 통하기 시작했다. 예수님
도 목수셨으니 나는 목수로 불리는 게 좋다.

15년이 지난 지금, 나는 여전히 목사이면서 교수로 신학 대학교
에서 기독교 교육학을 가르친다. 기독교 교육은 일반 교육과 분명
하게 다르다. 일반 교육이 성공 지향적이라면 기독교 교육은 섬김
을 지향한다. 일반 교육이 더 '나음'을 위한 교육을 추구한다면,
기독교 교육은 나음이 아닌 '다름'을 추구하는 교육이다. 아드 폰
테스를 통해 설명하겠지만, 본질을 추구하는 교육은 세상과 다르
게 사는 법을 가르치는 것이며, 성공이 아닌 섬김을 가르치는 교육
이다.

또한 기독교 교육은 "영원한 평강을 위해 지금을 잠시 불편하게 만드는 행위"라고 생각한다. "본질로 돌아가자, 아드 폰테스 세상을 흔들자"라는 주제로 이 책을 쓰는 이유 역시 독자들을 불편하게 만들려는 목적이다. 우리의 영은 불편해야 움직인다. 편안하면 안주하려 한다.

이 책을 읽는 가운데 불편함을 느끼고, 그 불편함 가운데 성령이 역사하셔서 영원을 향한 변화를 추구하는 귀한 삶이 되기를 바란다.

Rocker 목수. 전 병 철

차례

Part **1**
아드 폰테스,
흔들어라

#1
본질로
돌아가라

본질, 혁신의 뿌리

급변하는 세상에서 살아남는 방법은 변화에 적응하는 것이 아니라 본질로 돌아가는 것이다. 세계 경기가 어렵다는 요즘에도 승승장구하는 기업 '레고'는 이를 입증하는 대표적인 사례다. 레고는 세계 경제가 불황을 겪는 지난 5년 동안 연평균 21.5퍼센트의 매출 성장률을 보였고, 2014년 매출액만 우리 돈으로 4조 7천억 원을 기록했다. 모두 힘들어하는 시기에 자기 자본 이익률 58.8퍼센트라는 경이적인 성과를 내며 세계 최고의 완구 업체로 등극한 것이다. 브랜드 신뢰도 순위에서도 3년 연속 세계 10위권 안에 드는 레고의 성공 비결은 과연 무엇일까? 삼성경제

연구소 연구에 따르면 그 비결은 본질로 돌아간 데 있다고 한다.

레고가 만드는 여러 모양의 작은 블록은 이미 1980년대에 특허가 만료되었다. 누구든지 마음만 먹으면 똑같이 만들어 팔 수 있게 된 것이다. 그럼에도 불구하고 지금까지 어떤 업체도 레고의 아성을 넘지 못했다. 본질은 결코 흉내 낼 수 없기 때문이다.

특허가 풀리자 여기저기에서 값싼 유사품이 출현하기 시작했다. 엄청난 타격을 받은 레고는 고심 끝에 아동복이나 테마파크 같은 새로운 사업을 개발해 활로를 모색했지만, 2004년 결국 파산 위기에 직면하고 만다. 본질을 놓친 새로움의 추구는 아무런 의미가 없었던 것이다. 그때 망해 가는 회사에 젊은 CEO 외르겐 비크 크누트슈토르프 Jørgen Vig Knudstorp가 들어온다. 그는 직원들을 향해 아주 단순하게 질문했다.

"놀이가 점차 디지털화되는 세상에서 레고의 미래는 어떤 모습이어야 할까?"

본질로 돌아가기 위한 첫 단추는 핵심을 찌르는 질문이다. 흔히 지도자는 해결책을 주는 사람이라고 생각한다. 하지만 탁월한 지도자는 답을 주는 사람이 아니라 질문을 잘하는 사람이다. 비크 크누트슈토르프는 단순하면서도 핵심적인 질문을 통해 직원들의 상상력을 자극했고, 그들만의 이야기를 끌어내는 놀라운 리더십을 발휘했다. 결국 "Back to the Bricks"라는 결론을 얻었고 블록이라는 레고만의 본질로 돌아가기로 했다.

그 뒤 본질적인 문제를 연구하기 위해 과감히 투자했다. 어려울 때 현실적인 문제가 아닌 본질을 연구하기란 결코 쉽지 않다. 아니 오히려 미쳤다는 말을 듣기에 충분하다. 하지만 레고는 과감한 도전 정신으로 그 일을 이루었다.

불이 불을 붙인다

미국에서 20여 년 만에 돌아와서 본 한국 교회는 도전 정신을 잃은 안일한 모습이었다. 도전 정신을 가진 사람들을 모두 미친 사람 취급하니 열정과 야성을 가진 사람들이 숨죽여 지냈다.

지금은 혁신적인 리더가 필요한 시대다. 세상 사람에게 미쳤다는 소리를 들을 각오 없이는 혁신을 이끌 수 없다. 예수님도 그 시대에 미쳤다는 소리를 듣지 않았는가? 중요한 일이라고 생각하면 과감하게 실천해야 한다. 좋아하는 선배 목사의 말이다.

"불이 불을 붙인다. 불 있는 사람 한 명만 나오면 된다. 불붙은 사람이 세상의 거센 파도를 도전 정신으로 극복해 낸다. 당신이 그 한 명이 되지 않겠는가?"

아드 폰테스적인 변화와 성숙을 이루는 데는 많은 사람이 필요하지 않다. 종교 개혁은 마틴 루터 한 사람에서부터 시작되었다. 아드 폰테스적 지각 변동은 의식이 깨인 딱 한 사람만 있어도 충분하다.

혁신을 꿈꾸던 레고의 CEO 비크 크누트슈토르프는 전 세계 어린이들이 어떻게 놀고 있는지 연구하기 위해 연간 1,000억 원 수준의 대규모 자금을 아낌없이 투자했다. 그리고 그 연구실을 '퓨처랩', 미래의 실험실이라고 불렀다. 미래 예측은 변화의 추세에 집중하는 것이 아니라 본질에 집중하는 사람의 몫이라는 것이다. 바로 그 과감한 본질에의 투자가 오늘날 레고를 완구 분야에서 최고로 만들었다. 이것이 진정한 아드 폰테스다.

새롭게 보기

아드 폰테스Ad Fontes는 라틴어로 '근원으로 돌아가라'는 뜻이다. 이는 중세 시대의 신앙관과 세계관을 흔들었던 일종의 개혁 정신이며 르네상스와 종교 개혁을 가능하게 한 결정적 사상이었다. '성경으로 돌아가라'는 종교 개혁 정신의 근간이 바로 아드 폰테스다. 모든 건전한 사상은 근원으로 돌아가는 것에서 시작한다. 원래 아드 폰테스라는 라틴어 표현은 〈시편〉 42편 1절에서 비롯되었다. "시냇물을 찾기에 갈급함같이"라는 구절에서 "시냇물을 찾아"에 해당하는 표현이 바로 아드 폰테스다.

혼돈의 시기는 어쩌면 새로운 시작을 준비하기 가장 좋은 기회인지도 모른다. 16세기 유럽은 혼돈 그 자체였다. 새로운 시작을 위해 근원으로 돌아가는 아드 폰테스 정신이 필요했고, 그것을 통해 개혁이 일어났다. 물론 근원으로 돌아간다고 해서 무에서 유를 창조하는 것은 아니다. 그러나 근원으로 돌아가면 익숙했던 것들을 새롭게 보는 힘이 생긴다. 아드 폰테스는 새로운 세상을 경험하게 해주지는 않았지만, 기존의 세상을 경험하는 방식을 바꾸어 주었다. 성경을 읽는 태도에 변화를 가져와 성경적 세계관에 대한 재해석이 이루어진 것이다.

지금은 16세기 유럽 못지않은 혼돈과 위기의 시대다. 위기는 기회라고 하지 않던가? 혼돈은 새로운 시작을 준비할 수 있는 최고의 기회다. 지금이 근원으로 돌아가기 가장 좋은 때다. 이제 본질을 파헤치자. 새로운 미래를 향해 즐거운 여행을 떠나자. 樂

#2
Rock의 영성

놀이의 영성으로 돌아가라!

앞에서 잠시 언급했듯이 아드 폰테스는 '근원으로 돌아간다'라는 의미다. 인간에게 근원은 에덴동산인데 그 에덴동산은 바로 놀이동산이다. 태초에 하나님이 천지를 만드시고 여섯 번째 날에 사람을 지으셨는데, 이는 하나님이 지으신 놀이동산에서 놀게 하려 함이었다. 흔히 영성을 심각한 것으로 여기는데, 영성은 오히려 삶의 기쁨이자 즐거움이다. 영성 훈련도 결국 놀이다.

한번은 영성 훈련으로 잘 알려진 리처드 포스터 목사를 강사로 모신 적이 있다. 그런데 그가 전에 알던 말끔한 모습이 아닌 긴 머리를 뒤로 묶은 채 나타났다. 자신을 의아한 눈으로 쳐다보는 우리에게 리처드 포스터 목사가 말했다.

"목사가 머리를 기르는 것이 한국 문화에서는 있을 수 없는 일이라고 들었습니다. 하지만 저는 인디언의 후손이고, 제 며느리가 체로키 인디언 혈통이라 얼마 전부터 전통을 존중하는 의미로 머리를 기르기 시작했습니다."

그러고는 계속 인사를 이어 갔다.

"저는 오늘 16세기 아시시의 프란시스코 수도원의 전통적인 인사법으로 여러분과 인사를 나누고 싶습니다. 하이!안녕하세요"

특별한 방식을 기대하다가 지극히 평범한 인사가 튀어나오니, 청중석에서는 순간 웃음이 터졌다. 그의 이런 모습에 적잖이 당황한 나는 그날 점심 식사를 하며 포스터 목사에게 따지듯 물었다. 영성을 추구하는 사람이 진지함은 전혀 없고 왜 그리 가볍느냐고 말이다. 그랬더니 그가 내게 물었다.

"전 박사는 C. S. 루이스라는 사람을 아나?"

내가 퉁명스럽게 대답했다.

"물론이죠. 영성을 추구하는 사람이라면 C. S. 루이스는 다 알죠. 그분을 모르는 사람이 어디 있어요?"

그러자 포스터 목사는 내게 말했다.

"C. S. 루이스가 말하기를 '마귀에게는 유머가 없다'라고 하더라고. 무슨 소린지 알겠나, 이 마귀야?"

졸지에 나는 마귀가 되어 버렸다.

일과 놀이에 구별이 없는 삶

《노는 만큼 성공한다》라는 책을 쓴 김정운 박사는 한국 사회의 큰 문제들은 대부분 제대로 놀 줄 몰라서 생겼다고 지적했다. 한 번은 그에게 한국 교회에 닥친 문제에 대해 묻는 이메일을 보낸 적이 있는데, 이런 문제의 본질은 목사들이 잘 놀지 못하는 것에서 기인한다고 일갈하는 답장을 보내왔다.

한국 사회는 창조의 본질로 돌아가야 한다. 본질로 돌아가는 것은 일을 잘하는 게 아니라 잘 노는 것이다. 잘 노는 삶이 진정한 영성이다. 인간 세계에 죄가 들어오면서 모든 놀이가 노동으로 바뀌었다. 본질이 아닌 현실을 중시하면 놀이를 변질시킬 위험이 높다. 사탄은 행복하고 즐거우면 경건하지 않은 상태라고 우리를 속인다. 이 말에 현혹되지 말자.

가장 행복한 사람은 누굴까? 돈이 많은 사람? 영향력 있는 위치에 있는 사람? 대기업의 회장? 모두 아니다. 가장 행복한 사람은 자신이 하고 싶은 일과 해야 하는 일과 지금 하고 있는 일이 같은 사람이다. 하나님이 주신 사명을 의무나 책임감으로 여기지 않고 즐겁게 감당하는 사람, 일과 놀이에 구별이 없는 사람이 가장 행복한 사람이며, 하나님을 기쁘시게 하는 사람이다. 그런 면에서 이 세상은 살아 있는 것처럼 보이지만 실상은 죽은 사람들로 가득 차 있다.

인류 최초의 놀이동산, 에덴

인간이 하나님의 형상대로 지음받았다는 말은 하나님의 창조성도 닮았다는 말이다. 하지만 하나님의 창조성과 인간의 창의성은 근본적으로 다르다. 무한하신 하나님은 무에서 유를 창조하셨지만, 인간에게는 기존의 것을 활용하는 창의성이 있다. 창의력이란 융합을 통해 기존의 것들이 새롭게 느껴지도록 만드는 것이다. 한마디로 창의성은 익숙한 것을 "낯설게 하기"라고 할 수 있다.

이러한 창의성은 어린아이에게서 가장 많이 발견된다. 어른에게 빗자루를 보여 주면 대부분 지겨운 청소를 연상하지만 아이들은 다르다. 그들은 풍부한 상상력으로 빗자루를 타고 하늘을 나는 멋진 풍경을 그린다.

그런데 그 창의성은 근원으로 돌아가 맥락에서 벗어난 생각을 할 수 있는 사람에게서만 찾을 수 있다. 근원으로 돌아간다는 것은 모든 일의 시작이 놀이였음을 인정하는 것이다. 세상의 어떤 일도 처음부터 일이었던 것은 없다. 놀이를 일로 전락시킨 비극은 인류가 사탄의 꼬임에 넘어가 죄를 범한 뒤부터 생겼다. 하나님은 일을 시키기 위해서가 아니라 교제하려고 인간을 만드셨다. 한마디로 함께 놀려고 인간을 지으셨다는 말이다. 그래서 에덴동산은 놀이동산이었다.

인간의 모든 창의성과 관련된 움직임은 놀이로 시작했다. 스포츠도 놀이였고, 문화 예술의 근간이 되는 음악과 미술도 원래 다 놀이였다.

미래학자이며 역사학자인 레너드 스위트는 *The Well-Played Life: Why Pleasing God Doesn't Have to Be Such Hard Work*〈잘 노는 삶 - 하나님을 기쁘시게 하는 것이 그다지 어려울 필요가 없는 이유〉라는 책에서, 영어에서는 창의성과 관련된 인간의 모든 활동에 '놀다'play라는 동사를 사용하고 '일한다'work라는 동사를 쓰지 않는다고 했다. 영어에서는 피아노나 바이올린을 연주한다는 표현을 악기를 가지고 '논다'play the piano or play the violin라고 한다. 운동도 마찬가지다. 축구나 야구나 농구를 하는 것도 공을 가지고 '논다'playing soccer라고 하지, '일한다'work baseball라고 표현하지 않는다.

죄는 인간이 누릴 수 있는 기쁨인 놀이를 노동으로 전락시키고 순수한 놀이에서 비롯되는 행복을 죄책감으로 만들어 버렸다. 그래서 행복할 때도 불안을 느낀다. "이렇게 행복해도 되는건가? 이렇게 재미있어도 되는 건가?" 하고 말이다.

이러한 태도가 종교와 만나면 더욱 심각해진다. 그래서 심각한 영성은 있어도 유쾌한 영성은 없다. 한국이 창의성이 부족한 사회가 된 가장 큰 이유는 놀이 문화를 경멸하는 태도에서 비롯되었다. 김정운 교수의 지적처럼, 한국 사회는 건전한 놀이 문화가 없다. '논다'라는 단어 자체가 주는 느낌이 대부분 퇴폐적이다. 노는 것을 가지고 욕하는 문화는 한국 문화밖에 없다고 한다.

"잘 논다, 놀고 있네"의 원래 뜻은 부정적이지 않은데 저런 말을 들으면 왠지 기분이 나쁘다. 아드 폰테스는 바로 이러한 잘못된 맥락을 흔들기 위해 근원으로 돌아가는 첫 걸음이다.

과감한 포기

아드 폰테스에서 말하는 근원은 하나님의 말씀이다. 그런데 말씀으로 돌아간다는 것은 어떤 면에서 보면 현실 부정이다. 중세에 새로운 성경 해석 방법이 소개되었을 때, 교회는 그것을 이단시했다. 평범한 사람들은 대부분 현실을 부정하는 생각을 이단시할 수밖에 없다. 이런 생각은 자신을 불편함으로 몰아넣기 때문이다.

그런데 아드 폰테스, 즉 근원으로 돌아가는 것 역시 많은 사람이 원치 않는 불편함을 자초하는 일이기도 하다. 사실 현재 상태에서 근원으로 돌아가는 것은 불가능한 일처럼 느껴진다. 하지만 복음은 모든 불가능을 가능케 한다. 원래 교회가 그런 모임이며, 그리스도인은 그런 사람들이다. 하나님의 교회는 뻔한 상식을 거부하는 공동체여야 한다. 현실 부정 과정에서 생기는 핍박을 기꺼이 받겠다고 각오한 사람들의 모임이 교회다. 즉 교회는 믿음으로 불가능한 일에 도전하는 공동체다. 그렇기에 아드 폰테스는 인간의 노력이 아닌, 하나님만 하실 수 있는 일이다.

인류가 범죄한 이후 우리는 근본적으로 편치 못하다. 더 이상 놀이를 즐길 수 없는 존재가 되었다. 즐거워야 할 놀이가 '수고하고 무거운 짐'이 되어 버렸다. 인간의 내면에는 누구나 원천적 에너지가 있는데, 그 에너지의 근원이신 하나님과 단절된 뒤로는 인생이 고달프다. 영성이란 그 에너지를 하나님께 맡기는 것이다. 성령 안에서 그 에너지를 어느 방향으로 이끌지 고민하는 과정이 바로 영성 훈련이다.

그런데 그 영성 훈련이 힘든 까닭은 우리가 그것을 선택해야 하기 때문이다. 죄로 인해 에덴동산에서 쫓겨난 이래, 사람들은 선택을 두려워한다. 책임지기가 두려운 것이다. 모든 선택은 포기를 전제로 한다. 예를 들면 기도하기로 선택한다는 것은 텔레비전 시청이나, 친구와의 만남을 포기한다는 의미다. 우리를 힘들게 하는 선택은 선과 악처럼 확실하게 구분되는 것 중에서 하나를 고르는 일이 아니다. 좋은 것들 중에서 더 좋은 것을, 나쁜 것들 중에서 더 나쁜 것을 골라내는 작업이 우리 머릿속을 복잡하게 한다. 무엇인가를 선택하면 다른 것을 버려야 하기에 힘든 것이다.

아드 폰테스는 근원으로 돌아가기 위해 덜 중요한 것들을 과감하게 포기하는 것이다. 그렇지 않으면 우리는 이중성의 문제로 끊임없이 스스로를 괴롭힐 것이다. 나는 "성인聖人은 오직 한 가지 일에 혼신의 노력을 다하는 사람이 된다는 것"이라는 키르

케고르의 말에 전적으로 동의한다. 아드 폰테스는 우리를 성인이 되게 하는 첫걸음이기도 하다. 아드 폰테스적인 관점에서 선택과 집중을 하지 않으면, 우리는 하나님을 기쁘시게 하는 성인도 되고 싶고 그 밖의 많은 것도 포기하고 싶지 않은 이중적 삶을 살다 비참하게 인생을 마무리할 수밖에 없다.

현실을 부정한다는 것은 하나에 집중하고 나머지를 과감하게 포기하기로 결단하는 것이다.

선비가 아닌 Rocker로 살기

내가 한국에 와서 사역한다니까 나를 아는 많은 사람이 기대와 동시에 우려를 표했다. 나는 차갑고 까칠한 '차도남'처럼 보여 지금까지 사람들이 갖고 있는 교수의 이미지와 많이 다르다는 것이다. 또한 소셜 네트워크에 올리는 글이 너무 강해서 내 미래에 발목을 잡을지도 모른다며 염려했다.

예수님을 선비처럼 고상한 분으로 상상하는 사람이 많다. 조용하고 차분하게 말하며, 늘 온화하게 웃는 분으로만 여기는 것이다. 하지만 그것은 사람들이 원하는 모습이지, 예수님의 진짜 모습은 아니다. 예수님은 힙합 전사셨다. 힙합은 1980년대 미국의 가난한 흑인 등을 중심으로 발생한 문화인데, 이들은 부조리한 사회 현실을 춤이나 음악으로 표현하며 세상과 당당히 맞섰다. 특히 힙합 음악 중에는 다른 사람을 공격하고 논쟁하는 '디스'diss라는 장르가 있는데, 예수님은 이 분야에 전문가셨다. 예수님은 바리새인들과 서기관들을 회당에 모아 놓고 그들의 위선을 폭로하는 데 주저함이 없으셨다. 때로는 매우 공격적인 모습도 보이셨다. 비난이나 핍박에도 비겁하게 뒤로 숨지 않으셨다. 그래서 예수님은 힙합 전사시다.

〈요한복음〉10장에서 예수님은 수전절에 성전 안 솔로몬 행각에 계셨다. 그때 유대인들이 예수님을 에워쌌다. 그러고는 "그리스도이면 밝히 말씀하소서"요 10:24라고 외쳤다. 예수님이 "내가 너희에게 말하였으되 믿지 아니하는도다"요 10:25라고 말씀하시자 화가 난 사람들이 예수님을 죽일 듯 돌을 들고 둘러쌌다. 하지만 예수님은 당당하게 "내가 행하거든 나를 믿지 아니할지라도 그 일은 믿으라"요 10:36 고 하시고는 핏대 선 돌 든 군중 사이를 유유히 지나가셨다.

나도 남들에게 성질 더러운 사람이 아닌 부드러운 사람으로 기억되고 싶다. 그러나 내가 부드러운 사람으로 사랑받는 일보다 더 중요한 것이 있다. 그것은 내게 사명을 주신 그분에게 인정과 사랑을 받는 일이다. 가진 것을 빼앗길까 두려워하지 않고 끊임없이 꿈틀거리는 저항 정신, 예수 믿는 청년들에게 지금 필요한 것은 바로 순응 정신이 아니라 저항 정신이다. 그것이 기독교의 본질이기 때문이다.

나는 사도 바울에게서 엘리트 선비, 샌님 같은 모습이 아니라 거친 Rocker의 모습을 본다. Rocker와 선지자는 닮았다. 구약 시대에는 하나님의 일을 선지지와 제사장이 주로 맡았는데, 위로하고 격려하는 제사장과 달리 선지자는 심판을 경고하고 잘못을 지적해 사람들을 불편하게 만드는 책무를 맡았다. 나는 Rocker로서 사람들이 가진 기존의 생각들을 복음이라는 기준으로 거침없이 흔들기 위해 이 책을 쓴다.

물론 무식함이 복음의 야성이라는 말은 아니다. 지식과 교양이 결여된 야성은 천박한 힘자랑에 불과하다. 흔히 사람들은 베드로를 야성적인 혁명가로, 바울을 지성이 넘치는 사람으로 규정하여 바울을 학자의 모습으로만 상상하기 쉽다. 하지만 베드로에게도 다른 사람과 공감하는 섬세함이 있었고, 바울에게도 야성미 넘치는 카리스마가 있었다.

... [23]내가 수고를 넘치도록 하고 옥에 갇히기도 더 많이 하고 매도 수없이 맞고 여러 번 죽을 뻔하였으니 [24]유대인들에게 사십에서 하나 감한 매를 다섯 번 맞았으며 [25]세 번 태장으로 맞고 한 번 돌로 맞고 세 번 파선하고 일 주야를 깊은 바다에서 지냈으며 [26]여러 번 여행하면서 강의 위험과 강도의 위험과 동족의 위험과 이방인의 위험과 시내의 위험과 광야의 위험과 바다의 위험과 거짓 형제 중의 위험을 당하고 _ 고후 11:23-26

이것이 진정한 Rocker의 모습이다. Rocker의 삶은 대중을 선동하는 삶이다. 그렇기에 고난의 연속이다. 배고프지 않은 Rocker는 없다. 어려움을 수없이 겪은 사도 바울의 모습을 상상해 보라. 정장을 차려 입고 단정한 머리 모양이었겠는가? 아니다. 그는 막 싸움터에서 돌아온 전사 같았을 것이다. 머리는 헝클어지고 옷은 이리저리 찢겨 남루해 보이지만, 눈빛은 초롱초롱한 주님의 전사. 한국 교회는 Rocker와 같은 지도자가 더 많아져야 한다. 시대를 위로하는 메시지도 중요하지만, 퓟대에서 벗어난 세상을 흔드는 메신저도 필요하다.

진정한 쉼

예수님은 우리를 쉼과 평안으로 초대하셨기에 우리를 싸움터로 내모시는 하나님은 틀렸다고 말하는 사람이 있다. 그런데 나는 그렇게 말하는 사람이 틀렸다고 생각한다. 왜냐하면 예수님은 싸움터에서 열심히 싸운 '수고하고 무거운 짐진 자'들을 쉼으로 초대하셨기 때문이다. 싸우지 않고 수고도 안 한 사람들이 쉼만 좇다 교회에 정착하니 오늘날 교회의 모습이 이토록 힘이 없는 것이다. 쉰다는 것은 아무것도 안 하는 것이 아니다. 잘 놀아야 한다. 놀이도 일이다. 그 즐거운 일이 바로 쉼이다.

Rock 스피릿과 홀리 스피릿성령은 한 가지 공통점이 있다. 충만해지면 시대를 향해 쓴소리를 한다는 것이다. 선지자적인 목소리, 시대를 향한 쓴소리는 지금을 부정하는 것이다. 지금을 부정하기 위해 현재를 돌아보게 만든다. 성령이 임하시면 선비도 투사가 된다. 〈사도행전〉에 나오는 사도들은 성령을 받기 전까지는 다락방에 머물러 있었지만, 성령을 받은 뒤에는 세상 속으로 들어갔다. 세상과 맞짱을 떴다.

복음 앞에는 회색지대가 없다. 복음은 중용의 도가 아니다. 기독교는 세상도 줄 수 있는 수준의 평화를 주는 종교가 아니다. 기독교가 말하는 샬롬은 우리를 편안하게 하기보다 오히려 우리를 괴롭게 하여 회개하게 만들고 세상에서 치열하게 도전하도록 만드는 평강이다. 샬롬은 아무런 장애가 없는 상태가 아니라 아무리 어려운 환경 속에서도 하나님이 주인 되시는 상태다. 그러므로 아드 폰테스 영성은 조용히 기다리는 침묵의 영성이 아니라 세상을 흔드는 Rock의 영성이다.

하나님의 관점에서 보면 놀이도, 일도, 쉼도 모두 새로워진다. 그분이 아드 폰테스적인 눈을 열어 주시면 모든 상황에 기쁨이 넘치며 두려움이 사라진다. 그런 하나님의 사람, Rocker가 되자.

樂

#3
본질을 추구하는 개혁

새로움에 눈뜨다

본질로 돌아간다는 것은 눈에 보이는 일이 아닌 영원한 것에 관심을 갖게 된다는 의미다. 잠시 잠깐 있는 이 땅의 문제가 아닌 하늘의 일, 영적인 일에 관심을 갖게 하는 것이 아드 폰테스, 즉 본질로 돌아가는 것이다. 아래 〈로마서〉의 말씀은 본질로 돌아가려면 우리가 몸담고 있는 세상으로부터 자유로워져야 한다는 사실을 가르쳐 준다.

> 너희는 이 세대를 본받지 말고 오직 마음을 새롭게 함으로 변화를 받아 하나님의 선하시고 기뻐하시고 온전하신 뜻이 무엇인지 분별하도록 하라
>
> _롬 12:2

또한 아드 폰테스는 겉모습이 아닌 내면의 변화를 의미한다. 본질로 돌아가는 변화와 성숙은 마음을 새롭게 함으로 시작된다. 그것만이 공동체와 개인을 하나님 중심으로 이끄는 길이다. 내가 몸담고 있는 학교의 교육 이념은 복음주의와 신본주의다. 〈로마서〉 12장 2절 말씀처럼 하나님의 관점으로 그분의 선하시고 기뻐하시고 온전하신 뜻이 무엇인지 분별하는 것이 신본주의다. 하나님의 관점을 가지는 것은 인간을 수동적으로 순종하게 만드는 사고방식이라고 생각할지도 모른다. 하지만 영어 성경을 보면 변화받는 것은 'transformed'로 수동태인 반면, '분별하라'는 단어는 능동태 동사 'discern'으로 표현한다.

본질로 돌아간다는 말은 흔히 개혁으로 이해되곤 한다. 개혁이라는 단어의 이미지는 늘 강렬하다. 그러나 진정한 개혁은 조용히 일어난다. 아드 폰테스적인 개혁은 새로운 것에 눈을 뜨게 하는 소리 없는 혁명이다. 여기서 새로운 것이라 함은 이전에 없었던 것이 아니라, 기존의 것에서 새로운 의미를 찾아내는 것이다.

요즘 경영 분야에서 자주 사용하는 혁신도 마찬가지다. 피터 드러커는 "혁신이란 기존의 자원이 부를 창출하도록 새로운 능력을 부여하는 활동"이라고 정의했다. 우리가 가치 있게 여기는 모든 유용한 것은 우리보다 훨씬 더 이전부터 존재해 왔다. 다만 우리 선조들이 그 자원들에서 새로운 용도를 찾아내지 못했을 뿐이다. 새로운 용도를 찾아내어 경제적 가치를 부여했기 때문에 유용한 자원이 된 것이다.

말씀에 사로잡힌 개혁

개혁은 전에는 보이지 않았던 것을 볼 수 있는 영안을 여는 일이다. 마틴 루터의 개혁은 종교계 전체에 대한 도전이었으며, 불변하는 진리인 하나님의 말씀에 뿌리를 둔 도전이었다. 그는 본질을 추구하기 위해서라면 목숨도 아까워하지 않았다. 자신의 개혁 의지를 꺾으려는 기존 세력의 협박 앞에 루터는 이렇게 대답했다.

> 성경의 증거와 명백한 이성에 비추어 나의 유죄가 증명되지 않는 한 나는 교황과 공의회의 권위를 인정하지 않겠습니다. 이 둘은 오류를 범해 온 것이 사실이고 서로 엇갈린 주장을 펼쳐 왔습니다. 나의 양심은 하나님의 말씀에 사로잡혀 있습니다. 나는 아무것도 취소할 수도 없고 취소하지도 않을 것입니다. 양심에 반하여 행동하는 것은 지혜롭지도, 안전하지도 않기 때문입니다. … 저는 여기에 서있습니다. 저는 달리 행동할 수 없습니다. 하나님이여, 저를 도와주소서! 아멘!
> _ 류응렬, "나의 양심은 하나님 말씀에 사로잡혀 있습니다"(《아름다운 동행》, 2012년 6월 1일)에서 재인용

아드 폰테스적 개혁은 말씀에 사로잡힌 개혁이다. 하나님을 믿기에 사람을 두려워하지 않는 믿음의 도전이다. 말씀에 뿌리를 깊이 내린 진정한 개혁은 자신의 양심에 따라 행동해도 진리를 거스르지 않게 된다. 말씀 없는 양심은 결코 선한 양심이 아니다.

'기도의 신학자'라 불리는 존 녹스는 스코틀랜드 종교 개혁을 이끌며 어떤 고난과 두려움에도 담대했다. 말씀 안에 뿌리 내린 그에게 두려울 것이 없었다. 그래서 당시 스코틀랜드 통치자였던 메리 여왕과 종교 개혁을 놓고 네 번의 격렬한 논쟁을 벌일 때도 결코 물러서지 않았다. 여왕의 종교적 신념을 바꾸기 위한 그의 설득에 결국 여왕은 눈물을 흘리고 말았다. "내게 스코틀랜드가 아니면 죽음을 주소서"라고 기도하며 하나님 앞에 나아간 존 녹스를 통해 결국 스코틀랜드에 개신교가 정착하게 된다.

거듭 강조하지만, 아드 폰테스적 개혁의 교과서는 성경이다. 근원으로 돌아간다는 것은 성경으로 돌아간다는 뜻이다. 개혁은 부도덕과 우상숭배가 타파되는 외적인 측면과, 하나님께로 돌아가는 내적인 측면을 모두 가지고 있다. 그래서 진정한 개혁을 경험한 사람들은 마음에 감동을 받아 하나님을 찾으며 하나님과 맺은 언약을 지키려고 열심을 다한다.

하나님의 개혁의 역사가 나타나면 교회는 성경의 권위를 의식하게 된다. 성경은 다시 하나님의 말씀으로서 공경받을 것이며, 사람들을 혼란시키고 판단력을 잃게 하는 세상의 철학은 사라질 것이다. 하나님의 말씀을 떠나면 개혁의 초점이 흐려진다. 개혁은 주관적인 추측과 영적 무기력이라는 광야에서 나와 하나님의 말씀으로 살아가는 능력을 알고 겸손하게 말씀을 다시 배우라는 하나님의 부르심이다.

또한 하나님의 개혁의 역사가 나타나면 교회는 영원한 문제를 정말 진지하게 여기게 된다. 개혁의 역사는 그리스도인이 사회 정치학적, 문화적 관심사와 스포츠, 돈벌이 등의 활동 무대에서 물러나게 하는 것이 아니라, 자신들이 하는 일에 대한 관점을 철저히 바꾸어 하나님의 영광과 영원한 가치에 대해 주된 관심을 기울이게 할 것이다. 하나님의 개혁의 역사가 나타나면 하나님을 향한 열정이 모든 관심사보다 앞설 것이다.

예배의 회복

아드 폰테스적인 개혁은 예배의 회복이며, 이는 하나님과의 관계 회복이다. 예배를 통해 하나님께로 돌아가면 이웃과의 관계도 회복된다. 나아가 죄에 대한 깊은 자각과 회개, 예수 그리스도의 피를 통한 죄사함과 정결케 하심에 대한 깊은 감사, 그리고 하나님을 기쁘시게 하려는 열망에서 생겨나는 사랑이 일어난다.

또한 하나님의 개혁의 역사가 나타나면 교회에 관심이 생긴다. 그리스도인은 성경적 관점을 회복하여 교회가 하나님의 계획의 중심이요 초점이며, 구원하시고 성화시키는 하나님의 지혜를 보여 주는 기반이라고 여기게 될 것이다.엡 3:1-12

이러한 자각을 통해 교회는 결국 죄에서 의로, 권태로움에서 열심으로, 전통적 유형에서 새로움으로, 소극적에서 적극적으로 바뀌며, 어떤 변화든 기꺼이 받아들이려고 할 것이다.

사실, 아드 폰테스는 돌아가겠다는 우리의 결심에서 시작되는 것이 아니라, 우리를 부르시는 하나님의 초대에서 시작된다. 다시 말하면 개혁은 '신적 방문'divine visit 하나님이 친히 우리를 찾아오신다는 뜻이다. 그리스도의 일하심, 그것이 진정한 개혁인 것이다. 개혁은 홍수처럼 밀려드는 악에 저항하여 승리할 수 있도록 예수님이 거듭 우리에게 찾아오시는 사건이다.

또한 개혁은 하나님의 백성들이 계속 수행해야 할 과제다. 개혁된 교회는 언제나 개혁될 필요가 있다는 뜻이기도 하다. 한번 개혁한 적이 있는 교회가 아니라, 지금도 끊임없이 개혁하고 있는 교회라는 말이다.

개혁은 무엇보다 회개에서 출발한다. 곧 새로운 방법으로 하나님을 찾고 잘못된 것을 물리친다는 것이다. 〈요한계시록〉 3장 18-20절까지를 보면 개혁을 위해 준비해야 할 세 가지를 알 수 있다. 첫째, 현재 상황을 냉정하게 깨달아야 한다. 둘째, 기도해야 한다. 16세기 종교 개혁을 이끈 위대한 사람들은 기도의 사람들이었다. 스코틀랜드의 메리 여왕은 "나는 유럽의 모든 군대보다 존 녹스의 기도가 더 무섭다"라고 고백했다. 또한 마틴 루터는 종교 개혁으로 분주할 때도 하루 평균 두 시간씩 기도하며 하나님의 뜻을 구했다. 개혁을 꿈꾸는 우리는 지금 기도해야 한다. 셋째, 실제적인 준비다. 개혁하기 위해 나아가야 할 길을 깨끗하게 치워 장애물을 없애라는 뜻이다. 성경은 개혁에 대해 그저 생각만 하는 것이 아니라 행동을 취하라고 가르친다. 행동이 있기까지 개혁은 결코 성공했다고 할 수 없다. 우리가 개혁을 촉진시킬 수는 없다. 그러나 하나님이 개혁을 일으키실 때 참여할 수는 있다. 우리가 할 수 있는 일이 있다면 그것을 해야 한다.

자신과의 싸움

생각 바꾸기의 원뜻은 회개이며 '주어 바꾸기'라는 사실을 강조하고 싶다. 앞에서 말했듯 신앙생활은 치열한 생각의 싸움이다. 그리스도인들은 우리를 유혹하는 세상과의 싸움, 그리고 가장 무서운 나 자신과의 싸움을 계속해야 한다. 나 자신과의 싸움에서 가장 힘든 싸움은 바로 주어를 바꾸는 싸움이다.

하나의 문장은 문장의 주체가 되는 '주부'와 그 주어의 상태를 설명하는 '술부'로 나뉜다. 그리고 나머지 부분은 그 주어의 행동과 상태를 부가로 설명하는 '구', 즉 부사구, 전치사구, 명사구 등으로 이루어진다. 다른 구가 없어도 주부와 술부만 있으면 화자의 핵심을 파악할 수 있다.

예를 들어 〈창세기〉 4장 1절을 보라.

아담이 그의 아내 하와와 동침하매 하와가 임신하여 가인을 낳고 이르되 내가 여호와로 말미암아 득남하였다 하니라

이 문장에서 군더더기를 모두 빼고 주어와 서술어만 남겨 보면 "내가 득남하였다"란 문장이 된다. 또 25절을 보라.

아담이 다시 자기 아내와 동침하매 그가 아들을 낳아 그의 이름을 셋이라 하였으니 이는 하나님이 내게 가인이 죽인 아벨 대신에 다른 씨를 주셨다 함이며

이 구절의 주어와 서술어는 "하나님이 주셨다"이다. 실상 성경 어디를 봐도, 하나님이 하와의 첫 번째 고백을 괘씸하다거나 서운하게 여기셨다는 이야기는 없다. 하나님이 아담과 하와에게 호통치며 "어떻게 그렇게 말할 수가 있니, 그렇게 말한 것을 후회하게 될 거야"라고 추궁하신 기록이 없다.

남편과 동침하여 아들을 낳은 상황은 똑같지만 웬일인지 하와는 두 번째 고백에서 주어를 바꿔 고백하고 있다. 하와의 인생에서 주어가 바뀌기까지는 어머니로서 겪을 수 있는 최대의 고통이 있었다. 자기 손으로 낳아 기른 두 아들을 다 잃은 것이다. 큰아들이 말 잘 듣던 둘째 아들을 죽였다. 성경에 기록이 없지만

이 일로 하와는 가슴을 뜯으며 통탄했을 것이다. 그리고 또다시 아들을 임신하게 되었을 때 비로소 깨달았을 것이다. "인생은 내가 맘먹은 대로 이루어지는 것이 아니로구나." 하와는 드디어 인생의 주어를 하나님으로 바꾸고 자신은 있는 듯 없는 듯한 전치사 자리로 가는 것이 진정한 믿음이라는 사실을 깨달았다.

우리는 기도할 때 무의식적으로 "천지 만물을 지으시고, 인생의 생사화복을 주관하시는 전지전능하신 아버지 하나님"이라고 부르곤 한다. 그런데 우리 삶을 보면 내 인생은 내 것이고, 하나님은 알라딘의 요술램프에 갇혀 있다가 기도라는 이름으로 문지르면 펑 하고 나타나는 해결사 지니에 불과하다. 예수님을 믿고 교회는 다니지만, 여전히 내 인생의 주어 자리는 나 자신이 차지한 채 하나님은 있어도 그만 없어도 그만인 전치사 자리에 두는 사람이 많다.

아담과 하와가 선악과를 먹고 범죄하여 타락한 이후 우리는 싫으나 좋으나 날마다 생각 싸움, 주어 바꾸기 싸움을 벌여야 한다. 아침에 눈뜨면 그리스도가 내 인생의 주인임을 고백하는 기도를 드리지만, 잠자리에 들기 전 하루를 돌아보면 여지없이 예수님을 내 삶의 왕좌에서 밀어내고 자신이 그 자리에 앉아 있는 모습을 발견하곤 한다.

이 주어 바꾸기의 싸움은 대부분 우리의 생각 속에서 벌어지며 그 생각이 삶으로 반영된다. 성경은 이것을 '영적 전쟁'이라고 말한다. 그래서 하나님은 사도 바울의 입술을 빌어 우리의 싸움은 혈과 육에 속한 것이 아니라고 말씀하신다

4우리의 싸우는 무기는 육신에 속한 것이 아니요 오직 어떤 견고한 진도 무너뜨리는 하나님의 능력이라 모든 이론을 무너뜨리며 5하나님 아는 것을 대적하여 높아진 것을 다 무너뜨리고 모든 생각을 사로잡아 그리스도에게 복종하게 하니 _ 고후 10:4-5

진정 개혁을 원하는가. 마음을 새롭게 해 변화받고, 세상을 바꾸고 싶은가. 그렇다면 삶의 주인이 예수 그리스도이심을 인정하라. 성경으로 돌아가 본질을 추구하라. 개혁을 향한 첫 발걸음이 거기에서 시작될 것이다. 樂

#4
성숙한
그리스도인

멘토의 편지

나는 편지라는 말을 들으면 가슴이 뛴다. 편지에는 인생을 바꾸는 힘이 있기 때문이다. 내 인생 역시 편지에 의해 만들어졌다고 해도 과언이 아니다.

특히 힘든 유학 시절, 아버지의 편지는 내게 큰 힘이 되었다. 물론 어머니도 편지를 쓰셨지만 뜻밖에도 아버지가 훨씬 더 많은 편지를 쓰셨다. 나는 고등학교를 졸업하자마자 혈혈단신 낯선 미국으로 유학을 갔다. 가난한 목회자였던 아버지는 유학을 보낸 아들에게 형편이 어려워도 기죽지 말라며 매주 한 통씩 편지를 쓰셨다. 그 시절 아버지가 보낸 수십 통의 편지는 우리를 더욱 가깝게 해주었다. 근엄하고 무섭기만 해 미처 느낄 수 없던 아버지의 사랑이 편지에는 꾸밈없이 담겨 있었다.

최근 서재를 정리하다 《퇴계와 고봉 편지를 쓰다》를 다시 한 번 찬찬히 읽었다. 이 책은 1558년 명종 13년 10월, 지금의 국립 대학교 총장격인 성균관의 대사성 퇴계 이황과 막 과거에 급제한 청년 고봉 기대승 사이에 오고간 편지들을 묶은 것이다. 1558년 12월, 퇴계가 고봉에게 처음 편지를 보내기 시작한 뒤로 두 사람은 1570년 퇴계가 세상을 떠날 때까지 13년 동안 한 해도 거르지 않고 계속 편지를 주고받았다고 한다.

두 사람의 편지가 주는 잔잔한 감동에 빠져 있다가 문득 강준민 목사님과 주고받은 수많은 편지가 생각났다. 돌이켜 보면 나는 직접적인 만남보다 편지를 통해 더 깊은 멘토링을 받았다. 미국 풀러신학교에서 공부하며 활발하게 사역하던 중 갑자기 군대에 가게 되었다. 그 시절 사람들이 나를 잊으면 어쩌나 하는 생각에 많이 힘들었는데, 강준민 목사님의 격려로 어려운 시간을 무사히 넘길 수 있었다.

전 전도사님, 새로운 변화 앞에서 많이 성장하는 모습을 봅니다. 사실 인간은 고난에 부딪혀 보기까지 자신이 얼마나 강한가를 모릅니다. 인간은 대단히 강합니다. 전도사님은 놀라운 적응 능력을 가지고 있습니다. 저는 전도사님이 어떤 환경에 처한다

할지라도 잘 감당해 내리라 믿습니다. 전도사님에게는 비전이 있고, 배움에 대한 열린 마음이 있기 때문입니다.

새로운 환경, 새로운 사람들을 만날 때마다 배움의 기회로 생각하십시오. 무엇보다도 긍정적인 태도를 가지십시오. 좋은 씨앗을 심으십시오. 모든 만남을 하나님이 주신 기회로 알고, 열린 마음을 가지되 분별력을 키우십시오.

한참 나이 어린 선임들과의 갈등으로 힘들 때, 특히 군종 목사나 다른 간부들과 충돌할 때마다 성경책 사이에 꽂아 놓은 이 편지를 꺼내 읽고 또 읽으며 마음을 다잡았던 기억이 새롭다. 고통과 고난의 광야에서 나를 믿어 주는 사람이 있다는 사실, 그리고 그가 나를 위해 기도하고 있다는 사실이 엄청난 위로가 되었다. "새로운 환경, 새로운 사람들을 만날 때마다 오히려 배움의 기회로 생각하라"는 강준민 목사님의 조언은 지금까지도 가슴에 품고 지내며 힘든 일이 닥칠 때마다 아로새기는 말이다.

하나님의 편지, 성경

성경은 하나님이 자신의 종의 손을 빌어 우리에게 보내신 위로와 격려의 편지다. 그중 〈야고보서〉는 그리스도인의 영적 성숙을 다루고 있다. 야고보는 예수님의 동생으로, 어쩌면 예수님의 하나님 되심을 가장 믿기 힘든 인물이었을 것이다. 그러던 야고보가 예수님의 주 되심을 깨달아 믿고 나서, 복음을 전하는 사도가 되어 흩어져 있는 믿음의 동지들을 위로하기 위해 쓴 편지가 바로 〈야고보서〉다.

하나님과 주 예수 그리스도의 종 야고보는 흩어져 있는 열두 지파에게 문안하노라 _ 약 1:1

야고보는 예수님을 진정으로 만나면 그분을 더 이상 육신으로만 알지 않게 된다는 사실을 알려 준다. 육신의 형이었던 예수님을 "주 예수 그리스도"라고 부르는 것이다. 더 나아가 야고보는 자신을 그리스도의 종이라고 칭한다. 그야말로 아드 폰테스적인 변화다. 그는 환난 중에서도 끝까지 예루살렘교회를 지키다 예루살렘 성벽에서 떨어져 순교했다고 한다. 전해지는 이야기에 따르면 야고보의 시신을 수습한 제자들은 낙타 무릎처럼된 그의 무릎을 보고 깊은 감명을 받았다고 한다. 그는 예수님의 하나님 되심을 경험한 뒤 형을 그리스도라 부를 뿐 아니라, 그 믿음을 지키기 위해 무릎 꿇어 기도하고 또 기도한 것이다. 이처럼 아드 폰테스는 예수님을 다르게 보는 깨달음이다. 그리고 그 깨달음은 우리를 기도의 자리로 초대한다.

그러한 그가 오늘을 사는 그리스도인들에게 교훈한다. 아드 폰테스, 즉 본질을 회복하는 성숙한 그리스도인이 되라고.

좁은 길

야고보가 쓴 편지 중 본질적인 성숙으로 가는 길은 매우 비좁다
는 이야기를 기억했으면 한다.

> 너희가 여러 가지 시험을 만나거든 온전히 기쁘게 여기라 _ 약 1:2
> 시련이 인내를 만들어 … 인내를 온전히 이루라 _ 약 1:3-4

우리가 인정하고 싶든 그렇지 않든 삶은 결국 여러 가지 시련
으로 엮인 이야기다. 믿음의 선배이며 인생의 선배인 야고보는
시련 가운데 있는 형제자매에게 매우 실제적인 위로를 건넨다.
살다 보면 여러 가지 시련을 만나게 된다는 사실을 인정하고 그
런 경험 속에서 참된 의미를 찾아야 한다고 말이다. 그는 아드 폰
테스적 믿음이란 고난과 역경 없는 삶이 아니라 오히려 시련과
시험을 통해 성숙해 가는 과정임을 강조한다.

야고보의 편지에서는 특히 '믿음'과 '지혜'라는 두 가지 개념을
기억해야 한다. 군인들이 나라를 위해 싸우라고 부름을 받은 것
처럼 그리스도인은 어쩌면 싸우기 위해 태어난 사람들이라고 해
도 과언이 아니다. 또한 군사에게 가장 중요한 것이 무기라면, 그
리스도인이 세상과 싸울 때는 믿음과 지혜가 꼭 필요한 무기다.

그런데 그리스도 안에서 거듭났다고 해서 내적 투쟁이 모두
해결된 것도 아니며, 싸우지 않아도 저절로 승리할 수 있는 것은
더더욱 아니다. 또 거듭났다고 해서 사탄의 유혹에서 완전히 벗

어날 수는 없으며, 더 이상 타락하지 않을 것이라고 확신할 수도 없다. 우리가 타락할 가능성은 늘 내재되어 있다. 그러므로 아드 폰테스적인 개혁을 지속적으로 추구해야 한다.

엄격히 말해 믿음으로 그리스도 안에서 거듭났다는 것은, 믿기 전에 우리가 지녔던 옛 성품과 주님에게서 받은 새 품성 사이에 전투가 시작되었음을 의미한다. 믿음은 새로운 전쟁의 시작에 불과하다.

전에 섬기던 교회에서 은혜와 하나님의 의에 대해 말씀을 전한 적이 있었는데, 어떤 분이 설교를 듣더니 이렇게 말했다.

"우리는 신앙생활한 지 오래되었기에 하나님의 의에 대한 것처럼 기본적인 교리는 더 이상 안 배워도 됩니다. 대신 세상에서 승리하는 삶의 기술이나 이민 생활에서 지친 영혼들을 격려하는 설교를 해주세요."

나는 그가 본질을 놓치고 있는 것 같아 안타까웠다.

〈야고보서〉는 어렵게 살아가는 사람들을 위로하고 격려하며, 시련을 헤쳐 나가는 기술에 대해 가르쳐 주지만, 본질적인 믿음과 지혜가 밑바탕이 되어야 한다고 강조하고 있다. 아무리 기술을 연마하고 훈련해도 기초가 튼튼하지 않으면 아무 소용이 없다는 말이다. 목회자들이 믿음의 본질을 제대로 가르쳐서 우리가 왜 싸우는지, 우리의 적이 누구인지 정확하게 알려 주지 않으면 세상에서 승리하며 살기 어렵다.

믿음과 행함

진정한 믿음은 시련과 시험을 통해 그 진가가 드러난다. 오늘날 세상을 책망하고 바른 길로 이끌어야 할 교회가 오히려 세상으로부터 책망받는 이유가 무엇인가? 위기의 순간에 믿음이 뒷받침되지 못해 바닥이 드러나기 때문이다. 교회 다니는 사람들이 믿지 않는 사람들에게 가장 많이 듣는 소리 중 하나는 "예수 믿는 사람들은 말과 행동이 다르다"이다. "그리스도인들은 입만 천국에 갈 것이다"라고 말하는 사람들도 있다. 나 또한 신학 대학교 교수이자 목사로서 가장 두려운 평가는 "저 목사는 말은 참 잘해. 언변은 있는 것 같아"라는 소리다. 삶을 가만히 살펴보니 성숙하고, 게다가 말도 참 잘한다고 하는 것과, 삶은 전혀 아닌데 말만 잘한다고 하는 것에는 엄청난 차이가 있다.

믿음과 행함은 동전의 양면처럼 분리될 수 없는 관계다. 한국 교회는 유난히 믿음으로 구원을 얻는다는 이신칭의 교리에 깊은 영향을 받았다. 그런데 한 가지 안타까운 점은 이신칭의의 교리를 균형 있게 받아들이지 못해 성화와 선행에는 소홀하고 칭의적인 측면만을 지나치게 강조함으로써 기독교의 구원을 값싼 것으로 만들어 왔다는 사실이다.

야고보 사도는 자신의 편지에서 기독교가 말만 무성하게 되는 것을 비판하고 있다. 본질로 돌아가는 아드 폰테스 정신을 가르쳐 주는 것이다. 그는 하나님과의 관계에서 가장 기본은 행위

가 아니라 믿음이지만, 의로운 삶을 통해 그 증거가 드러난다고
말한다.

이런 내용 때문에 〈야고보서〉를 읽으면 야고보가 행위만을 지
나치게 강조한다고 오해할 수도 있다. 그러나 믿음과 은혜를 강
조하는 사도 바울과 행실에 대해 가르치는 사도 야고보가 서로
반대되는 이야기를 한다고 단정해서는 안 된다. 오히려 행위에
대한 야고보의 가르침은, 그리스도인들의 행위가 성령의 내주
하심을 통해 역사하시는 은혜의 열매라는 바울의 가르침에 비
추어 읽을 때만 비로소 완성된다는 사실을 깨달아야 한다. 성경
은 한 권 한 권 따로 읽는 게 아니라 전체를 보아야 이해가 가는
참 신기한 편지다. 아드 폰테스는 전체를 보는 힘이다.

성숙한 믿음

야고보는 믿음에 행위를 더해야 한다고 주장하지 않는다. 다만
구원에 이르는 참 믿음이라면 반드시 행위가 따른다고 설명한
다. 그리스도의 군사인 우리에게 꼭 있어야 할 본질, 돌아가야 할
아드 폰테스는 바로 이러한 성숙한 믿음이다. 그렇다면 야고보
가 흩어진 형제자매에게 그토록 권하고 싶었던 성숙한 믿음은
무엇인가?

첫째, 그것은 여러 가지 시험을 온전히 기쁘게 여기는 자세다.

야고보는 성숙한 믿음에 대해 궁금해하는 사람들에게 역설적으로 도전한다.[약 1:2] 우리의 믿음이 진정 성숙하다면, 여러 가지 시험을 만날 때 온전히 기쁨으로 여길 수 있어야 한다고 말이다. 평소에는 성숙함과 미숙함을 분간하기 힘들다. 하지만 위기의 때, 시련의 때가 되면 확실히 드러난다. 미숙한 사람들은 위기의 순간에 허둥대는 것이다.

'시험을 기쁘게 여긴다'에서 여긴다는 영어로 'consider'라고 번역되었다. 이 동사는 원래 '길을 인도하다'라는 의미이며, '어떤 것에 앞서가다'라는 뜻을 지녔다. 이 동사에 기쁨이 연결되어 있는 것을 보면 여러 가지 시련을 만났을 때, 무엇보다도 긍정적으로 생각하여 생각 속에 기쁨이 뛰놀도록 하는 것이 중요하다는 사실을 알 수 있다. 세상의 눈으로는 시련을 당할 때 기뻐한다는 것이 정상적으로 보이지 않는다. 하지만 성경은 그 비정상적인 일을 권하고 있다. 바로 그것이 아드 폰테스 정신이다. 세상이 비정상적으로 여기는 일이지만 성경이 말하기 때문에 하는 것이 아드 폰테스 영성이다.

둘째, 시험의 때에 기뻐할 수 있는 성숙한 믿음의 비결은 시련이 인내를 만들어 낸다는 사실을 아는 것이다.[약 1:3] 우리가 당하는 시련을 성숙의 기회로 삼기 위해서는 그 시련의 결과를 파악하고 그 시련이 우리에게 해롭지 않다는 사실을 깨달아야 한다. 즉 우리의 믿음을 견고하게 하려고 하나님이 시험을 계획하셨다는 사실을 알 때 기뻐할 수 있고 흔들리지 않는 믿음을 지킬 수 있다.

아드 폰테스적인 앎은 말과 생각이 일치하는 것이다. 다시 말해 굳은 확신을 갖는 것, 그것이 진정한 앎이다. 살다 보면 믿음이 좋은 사람이라 할지라도 곳곳에 숨어 있는 바위나 갑작스런 돌풍을 만난다. 그러나 그 어떤 시련도 하나님의 계획에 의하지 않고는 결코 일어날 수 없다는 사실을 아는 것, 하나님은 시련을 통해 우리를 영광에까지 이르도록 하신다는 사실을 아는 것이 성숙한 믿음이다.

마지막으로 인내를 이루어 부족함이 없는 상태에 이르는 것이 성숙한 믿음이다.^{약 1:4} 믿음에는 두 종류가 있다. 하나는 바람을 일으키는 성숙한 믿음이고, 또 하나는 바람에 흔들리는 미숙한 믿음이다. 성숙한 믿음은 주변에 예수 그리스도라는 희망의 바람을 일으킨다. 그러나 미숙한 믿음은 바람에 밀려 요동하는 바다 물결 같다. 그런 믿음을 지닌 사람은 시련 자체가 즐거운 일로 다가오지 않는다. 〈히브리서〉 12장 11절 말씀처럼 모든 훈련은 그 훈련이 완전히 열매를 맺기 전까지는 즐거움보다는 괴로움으로 보이기 때문이다.

무릇 징계가 당시에는 즐거워 보이지 않고 슬퍼 보이나 후에 그로 말미암아 연단받은 자들은 의와 평강의 열매를 맺느니라 _히 12:11

그럼에도 불구하고 끝까지 인내할 수 있는 까닭은 이 모든 시련이 지나면 평화의 열매를 맺기 때문이다. 그래서 야고보 사도는 이렇게 기록한다. "시련을 온전히 기쁨으로 극복하는 자만이 오직 온전하고 구비하여 조금도 부족함이 없는 사람이 될 것"이라고. ^{약 1:2-4} 그렇게 되기 위해서는 주님처럼 인내해야 한다. 우리의 눈앞에 영원한 기쁨을 고정시키고 인내해야 한다. 그때 비로소 그러한 믿음을 가질 수 있다.

믿음의 주요 또 온전하게 하시는 이인 예수를 바라보자 그는 그 앞에 있는 기쁨을 위하여 십자가를 참으사 부끄러움을 개의치 아니하시더니 하나님 보좌 우편에 앉으셨느니라 _ 히 12:2

#5
아직도
가야 할 길

사랑으로 걸어야 할 길

예수님을 믿는 우리의 인생은 본향으로 향하는 나그네 길이다. 그런데 그 나그네 길을 지나기가 쉽지 않다. 스캇 펙 박사는 자신의 베스트셀러《아직도 가야 할 길》의 첫 머리를 "인생은 어렵다. 인생은 고해다"로 시작했다. 여기서 아직도 가야 할 길이라는 것에는 '앞으로 갈 길'과 '아무도 가지 않은 길'이라는 의미가 담겼다.

〈로마서〉는 크게 두 부분으로 나뉜다. 1장 18절부터 11장까지는 예수 그리스도 안에 나타난 하나님의 구원의 도에 대한 설명이고, 12장부터는 구원의 은혜를 입은 성도들이 어떻게 살아야 할 것인가에 대한 말씀이다.

위 구절은 하나님이 원하시는 길, 아무도 가지 않았으며, 아직도 가야 할 길은 어떻게 가야 하는지 잘 말해 준다. 그 길은 사랑으로 걸어야 한다. 사도 바울은 오늘 우리에게 "하나님의 모든 자비하심으로" 권면한다. 아직도 가야 할 길은 마지못해 걸어갈 수 있는 길이 아니다. 하나님의 사랑이 아니고서는 그 험하고 외로운 길을 지날 수 없다. 그렇기에 모든 자비하심, 즉 사랑으로 권면하는 것이다. 여기서 한 가지 재미있는 사실은 하나님이 우리에게 호소하신다는 점이다. 남포교회의 박영선 목사는 "인간에게 비시는 하나님"이라고 표현한 적이 있는데, 난 그것이 기독교의 매력이라고 생각한다. 다른 종교들과 달리 하나님은 피조물인 우리에게 통사정하고 계신다. 그러고 보니 성경 곳곳에서 인간에게 호소하시는 하나님을 볼 수 있다.^{사 1:18, 55:3; 마 11:28} 그 호소의 밑바탕에는 우리를 향한 엄청난 사랑이 담겼다. 보잘것없는 나를 위해 자신의 아들을 죽이시는 하나님의 꺾지 못할 고집이 있는 것이다.

우리가 아무도 가지 않은 이 길을 가는 이유는 바로 그 사랑 때문이다. 그 하나님의 고집 때문에 내 고집을 꺾고 아무도 가지 않으려는 길, 아직도 가야 할 길을 걸어가는 것. 바로 이것이 아드 폰테스다.

헌신하는 삶

아직도 가야 할 길을 간다는 것은 남다른 헌신을 하며 산다는 것이다. 〈로마서〉 12장 1절에서 사도 바울은 우리에게 "너희 몸을 하나님이 기뻐하시는 거룩한 산 제물로 드리라"고 권면한다. 여기에 사용된 "드리라"는 말은 헬라어로 제사 용어인 '파라스테싸이'parasthsai다. 제물은 원래 죽여서 드리는 것이다. 죽지 않은 것은 제물이 될 수 없다. 성경은 "피 흘림이 없은즉 사함이 없다"히9:22라고 말한다.

그러므로 위의 말씀은 성전에서 제사장이 짐승을 잡아 하나님께 드리듯 우리 몸을 제물로 바치라는 말이다. 비록 우리 몸이 살아 있지만 마치 죽어서 하나님께 바쳐진 짐승처럼 온전히 그분께 순종하는 사람이 되어야 한다는 것이다. 자신의 고집을 버리고 온전히 하나님의 뜻에 따를 때 하나님이 원하시는 길로 한 걸음 더 나아갈 수 있다.

우리를 향한 하나님의 사랑을 모른다면, 절대 자기 몸을 기꺼이 제물로 바칠 수 없다. 하지만 우리는 자신의 아들까지 내어 주신 하나님의 크신 사랑을 누구보다 잘 안다. 그렇기에 그 어떤 길이라도 헌신하며 걸어갈 수 있다.

애벌레에서 나비로

아직도 가야 할 길은 그리스도의 형상대로 변화받으며 가는 길이다.

> 너희는 이 세대를 본받지 말고 오직 마음을 새롭게 함으로 변화를 받아…
> _롬 12:2

성경은 본받지 말고 변화를 받으라고 말한다. 여기서 '본받다'는 외적인 모양을 닮아 간다는 의미다. 이는 우리의 마음이 원하지 않을 때조차도 주관 없이 어떤 습관이나 전통을 따른다는 말이다. 그러므로 위 구절에서 본받음이란 변장이라는 말과 같다. 하지만 속은 바뀌지 않은 상태에서 겉모습만 치장하는 것은 위선이다. 그리스도인이 세상을 본받는 것은 불신자가 딴 속셈을 품고 기독교적 표준을 따르는 것만큼이나 가식적이다.

아직도 가야 할 길로 나아가는 그리스도인들은 이 세대를 본받지 말고 변화를 받아야 한다. 변화를 받는다는 헬라어는 '메타

몰포스테이'metamorphosthe인데 이것은 근본적인 형태가 달라지는 것으로, 애벌레가 탈바꿈하여 나비가 되는 것을 의미한다. 아드 폰테스적인 변화는 우리의 생각을 새롭게 함으로 삶의 방향이 근본적으로 변화받는 것을 의미한다. 그리스도인들은 그저 구원받았다는 사실에 그칠 것이 아니라 가치관과 세계관까지 변화받아야 한다.

변화의 기준은 그리스도다. 우리는 그리스도의 형상대로 변화되어야 한다. 옆 사람과 비교해서 '이 정도면 됐지'라고 위로하지 마라. 그것은 스스로를 속이는 태도다. 예수님과 비교하라. 그리고 예수님을 닮아 가라. 남다른 삶, 그것이 바로 거룩이다. 원래 거룩한 제물이란 하나님 보시기에 정결하고 깨끗하고 흠이 없는 제물이라는 뜻이다.

또한 거룩이란 구별된 것이다. 한마디로 눈에 띄는 것이다. 다이아몬드를 진열할 때 검은 천을 사용하는 것처럼, 어두운 세상에 그리스도인이 나타나면 자연스럽게 눈에 띄고 빛을 발하는 것이 거룩이다. 때로는 기독교적인 가치관 때문에 바보라는 소리를 들어도 좋다. 정직함을 지키려고 손해 보는 장사를 했을 때, "알고 보니 저 사람 OO교회에 다닌대"라는 말을 들을 수 있어야 한다. 당장은 손해 보는 것 같지만, 결국에는 정직을 인정받는 날이 올 것이다.

내가 미국에서 마지막으로 목회할 때 섬겼던 또감사선교교회는 성도 대부분이 그 교회에 와서 예수님을 처음 믿고, 선교에 미쳐 삶의 현장에서 늘 전도하며 그리스도인답게 살려고 몸부림치는 공동체로 유명하다. 특히 교회를 개척한 일원이자 의류 사업으로 큰 부를 이룬 장도원 장로와 장진숙 집사 부부는 유별난 사람들 중에서도 가장 유별난 그리스도인이다. 그들은 1984년 '포에버21'이라는 작은 옷가게를 열었는데, 지금은 전 세계에 600개가 넘는 매장을 지닐 정도로 번창했다.

이들은 하나님의 말씀에 절대 순종하려 노력한다. 한번은 이 부부가 성경 공부를 하던 중 "악은 모양이라도 버리라"는 〈데살로니가전서〉의 말씀을 배웠다. 그 당시 해골 무늬 디자인이 유행이었는데, 마침 이들 매장에서도 해골이 그려진 티셔츠가 상당량 입고되었다. 그 물건을 판매하려는데, 부부의 머릿속에 자꾸 "악은 모양이라도 버리라"는 말씀이 떠올랐다. 그래서 직원들에게 그 티셔츠를 모두 폐기하라고 지시했다. 직원들은 엄청난 손해가 날 거라며 싼 가격에 다른 업체에라도 넘기자고 회유했지만, "어차피 다른 곳에 팔아도 수많은 청년이 해골 무늬가 찍힌 옷을 입고 돌아다닐 것 아니냐?"라며 단호하게 제안을 거절했다. 부부는 엄청난 재정적 손실에도 불구하고 옷을 전량 폐기 처분했다.

또한 그들은 초창기부터 지금까지 〈요한복음〉 3장 16절 말씀을 쇼핑백에 인쇄한다. 그런데 해외 진출을 앞두고 반기독교 정서가 심한 중동 지역이나 일본의 현지 직원들이 매출에 지장이 있을 것 같다며 성경 구절을 빼자고 제안했다. 그들은 손해를 보더라도 그럴 수는 없다며 고집스럽게 밀어붙였는데, 오히려 일본이나 두바이 쪽에서 포에버 21이 선풍적인 인기를 끌었다.

말씀으로 돌아가기

성경은 그리스도 안에서 새사람이 된 사람은 "자기를 창조하신 자의 형상을 따라 지식에까지 새롭게 하심으로 받는 자"라고 말한다.골 3:10 그런데 이 변화를 받을 수 있는 힘이 우리에게는 없다. 변화받다, 새롭게 하심을 받는 자, 모두 수동태 동사가 사용되고 있음에 유의하라.

　우리는 우리가 보고 듣는 것에 영향을 받기 마련이다. 기독교적인 세계관은 교회를 열심히 들락거린다고 자연적으로 형성되지 않는다. 세계관은 훈련의 결과다. 정말 아무도 가지 않은 길을 가는 사람이 지닌 가치관을 갖고 싶다면, 성경을 읽어야 한다. 말씀을 계속 떠올리고, 성경을 가까이 하도록 돕는 책들을 읽어야 한다. 그래서 우리의 형상뿐 아니라 생각까지 하나님을 닮아 가도록 해야 한다. 하나님의 관점으로 만물을 바라볼 수 있도록 노력해야 한다. 그러한 관점이 아니고서는 믿음의 여정을 끝까지 마칠 수 없을지도 모른다. 편안한 길을 걸으며 평탄한 그 길로 넘어오라고 손짓하는 유혹이 너무 많기 때문이다.

그러므로 아직도 가야 할 길을 걸어갈 때는 성령의 도우심이 절대적으로 필요하다. 혼자는 걷기 힘든 그 길에 성령이 길동무가 되어 주실 것이다. 성령과 어깨동무하고 가는 길이 기쁨의 길이다. 하나님은 우리가 스스로 변화되기를 기대하시지 않는다. 인간은 결코 스스로 변화할 수도, 스스로를 구원할 수도 없다.

믿음으로 가는 길

아무도 가지 않은 길을 가는 삶이 진정 변화받은 삶이라면, 그 변화는 일시적이지 않고 지속적이어야 한다. 늘 수줍어하는 사람에게 술 몇 잔 먹였더니 말이 많아지고, 사교성이 생겼다고 해서 "그 사람 변화받았다"라고 말하지 않는다. 일관되고 지속적인 변화로 검증받는 삶이 진정 변화된 삶이다.

그렇다면 어떻게 우리가 진정 변화되었다는 것을 알 수 있을까? 우선 스스로 이를 검증할 수 있어야 한다. 증명한다는 단어는 '체험으로 알다, 검증하다'라는 뜻이다. 하나님은 우리 각자를 향한 뜻과 계획을 가지고 계신다. 그것은 선하고 열납될 만하며 온전하다. 어느 누구에게든지 그보다 더 고상한 것은 없다. 그러나 이것은 체험을 통해서만 한 단계씩 배울 수 있다.요 7:17: 골 4:12 두려워하지 말고 하나님의 뜻을 따르라. 하나님은 자신의 자녀들을 향해 최선의 계획을 가지고 계신다.

또한 주변 사람에게 이를 증명해 보여야 한다. 우리가 실제로 죄를 버리며 성령의 열매와 은사를 보이고 증언을 행하지 않는 다면 중생과 성화, 변화에 대해 백 마디 말을 해봐야 아무 소용없 다. 세상에는 부정직하고 시기하고 불결하고 불친절하고 탐욕 적인 그리스도인이 너무 많아 복음의 진리와 권능을 납득시키 기가 어렵다.요 16:8

무엇보다 하나님께 자신의 변화를 증명해 보여야 한다. 하나 님은 우리의 삶에 계획을 가지고 계신다. 우리는 하나님이 우리 에게 원하시는 일을 하고 있는가? 하나님이 우리를 신뢰할 수 있 으실까? 우리의 삶은 하나님이 승인하시는 방향으로 흘러가야 한다. 하나님은 제안하시고 우리가 승인하는 것이 아니다. 우리 를 지으신 하나님께서 우리에게 이것을 요구하는 것이 지나친 일인가? 절대 그렇지 않다! 이것이야말로 우리가 주님에게 드 려야 하는 '도리에 맞는' 영적 예배다. 하나님께 지금 이때, 이 예 배, 이런 섬김, 이런 삶을 드려야 한다.

아직도 가야 할 길이 멀다. 길을 생각하면 떠오르는 노래가 있 다. 내가 좋아하는 예배자 조준모 교수가 만든 〈길〉이다.

길

보이지 않는 길

믿음으로 가는 길

참 소망이 있는 길

멀리 보이는 그곳 향해

보이지 않는 이 안개 길

이 믿음의 길을 가자

십자가의 길

죽음으로 사는 길

우리 주님 따르는 길

영광의 주 얼굴 바라보며

아픔이 짙은 이 안개 길

기쁨으로 이 길 가자

이 길에 참 기쁨이 있고

이 길에 참 편안이 넘치네

모욕과 수난, 고통과 눈물

그러나 그곳에 흐르는 생명의 강

우리 모두 본원으로 돌아가는 아드 폰테스의 길을 기쁨으로 함께 가면 좋겠다. 믿음으로 걸어가는 이 길을 손잡고 가면 좋겠다. 생명의 길 끝에는 무엇이 기다리고 있을까? 어깨동무하고 함께 가는 이 길이야말로 정말 아름다운 동행이다. 樂

6

다음세대를 위한 교육

교회 학교가 다가 아니다

흔히 기독교 교육은 교회 안에서만 이루어진다고 보는 경우가 많다. 정말 그럴까? 한국 교회와 교회 학교가 쇠퇴한 요인을 묻는 질문을 받을 때마다 내가 매번 하는 말이 있다. 한국 교회가 쇠퇴한 요인은 교회 학교에 집중하지 못해서가 아니라 교회 학교에만 집중했기 때문이라고. 조금 도발적이지만 "교회 학교가 망해야 교회가 살아나고 가정이 살아난다"라는 기독교 가정 교육 전문가 리치 멜하임Rich Melheim 박사의 주장이 지금 한국 교회에 필요한 것이 아닌가 싶다.

한국 교회는 교회의 입지를 스스로 좁혀 버렸다. 성聖과 속俗을 구분 짓고, 자신들을 교회라는 틀에 가두고 말았다. 예수님은 우리에게 세상과 구별되라고 하셨지, 분리되라고 하시지 않았다. 오히려 세상의 빛과 소금이 되라고 하셨다. 기독교 교육은 성도들이 세상 속에서 빛과 소금으로 살아갈 수 있도록 교육하고 훈련하는 일이다.

그런데 언제부터인가 '기독교 교육은 교회 학교에서 이루어지는 것'이라는 생각이 공식처럼 되었다. 그래서 신학 대학교의 기독교 교육학과는 복음주의적인 기독교 세계관을 토대로 교육의 전반적인 내용을 고민하고 연구하는 학과가 아닌, 교회 학교 교사를 훈련시키는 기관으로 전락해 버리고 말았다. 물론 교회 학교 교사들을 훈련하는 일 또한 중요하지만 그것만으로 모든 기독교 교육이 이루어진다면 한계에 부딪힐 것이다.

교회와 세상에서 올바른 그리스도인으로 살아가는 법을 훈련시키려면 통합적인 교육이 이루어져야 한다. 내가 Rocker 목수로서 대중문화에 관심을 갖는 이유가 바로 그것이다.

미국기독교미디어협회의 회장이며, 할리우드의 모든 영화를 분석하고 엄격한 기준에 입각해 등급을 매기는 무비가이드의 대표 테드 베어Ted Baehr 박사는 어린이들의 교육에 가장 많은 영향을 미치는 것이 바로 대중문화라고 주장했다. 그가 복음성가 가수 팻 분과 함께 쓴《크리스천 부모와 자녀의 대중문화 읽기》를 살펴보면 아이들이 대중문화에 어마어마한 시간을 할애한다는 사실을 알 수 있다.

　미국의 평범한 가정에서 자녀들이 부모와 함께 보내는 시간은 하루 평균 겨우 21분에 불과한 반면, 미디어에는 자그마치 열 시간 넘게 쏟아붓는다고 한다. 미국의 기독교 가정에서 자라는 자녀들이 매주 최소 한 시간 이상을 교회에서 보낸다고 가정했을 경우, 17세가 될 때까지 교회에서 보내는 시간은 평균 800시간, 가족과 함께하는 시간은 2,000시간, 학교에서는 11,000시간을 보낸다. 반면 미디어를 시청하는 시간은 무려 63,000시간이라고 한다.

　보수적인 그리스도인일수록 세상의 문화는 악하기 때문에 절대 보지 말고, 노래도 복음성가만 듣고 불러야 한다고 주장하는 경우가 많다. 그러면서 기독교 교육학과에 좀 더 매력적인 교회 학교 프로그램을 개발해 달라고 주문한다. 하지만 아무리 훌륭한 교회 학교 프로그램을 연구하고 개발해서 교사들을 훈련하고 교육시킨다 해도 겨우 800시간으로 63,000시간을 대항하기란 매우 어렵다. 왜 63,000시간을 대적할 생각만 하고, 그리스도의 복음으로 구속할 생각은 하지 않을까?

미디어를 바라보는 눈

아드 폰테스적인 기독교 교육은 교회 학교를 살리는 교육이 아니라 오히려 아이들의 신앙 훈련과 교육을 위해 교회 학교에서 시간을 빼앗아 부모에게 돌려주는 일을 해야 한다. 아니, 부모를 자녀에게 돌려주는 개혁이라고 말하는 게 더 옳은 표현일지도 모른다. 기독교 교육학자들이 교육 현장으로 여기는 〈신명기〉 6장 4-9절은 교회 학교 사역자나 목회자에게 주어진 명령이 아니라 부모에게 주어진 명령이었다. 그리고 그 구절들은 교육의 효과를 극대화하기 위해 교육의 시기와 방법에 대하여 구체적으로 제시하고 있다. '언제든지' 가르치라는 말씀은 신앙의 영역뿐 아니라, 삶의 모든 영역을 포함해야 한다는 사실을 상기시켜 준다.

또한 이 구절은 미디어 교육의 중요성도 언급한다.

…손에 매어 표로 삼고 이마에 붙여 기호로 삼으십시오. 집 문설주와 대문에도 써서 붙이십시오. _신 6:8-9, 표준새번역

급변하는 시대에 따라 교육 환경과 아이들의 성장 환경도 빠르게 변한다. 그러므로 옛 교육 방식만을 고집하면 세상을 바꾸는 아드 폰테스 교육을 할 수 없다. 근본으로 돌아가 새로운 눈으로 교육을 바라보면 길이 보일 것이다.

자녀들이 하루 중 많은 시간을 투자하는 미디어를 무조건 부정적으로만 바라보지 말자. 이제는 그것을 통해 기독교 교육을 할 수 있는 방법을 찾아야 할 때다. 어린아이들은 대부분 집에 있

는 동안 미디어를 접한다. 현대 사회에서 가정 교육이 중요해진 또 하나의 이유다.

세상과 다른 기독교 교육

아드 폰테스 교육은 무엇보다 나음이 아닌 다름을 추구한다. 기독교 교육은 세속 교육과 근본적으로 다르다. 세속 교육은 끝을 알 수 없는 목표를 향해 무조건 나아가는 반면, 기독교 교육은 그리스도의 장성한 분량, 즉 하나님이 지으시고 "보시기에 좋았더라"고 감탄하고 고백하셨던 바로 그 인간성의 회복을 목적으로 한다. 세속 교육은 지금의 상태보다 나아지기 위해 노력한다면 기독교 교육은 세상의 모든 것과 구별되기 위해, 즉 달라짐을 향해 나간다.

또한 아드 폰테스 교육은 성공이 아닌 섬김을 추구한다. 세상은 돈, 명예, 권력, 쾌락을 얻기 위해 싸운다. 하지만 세상을 흔드는 복음을 받아들인 그리스도인들은 오히려 돈, 명예, 권력, 쾌락을 대항해 싸운다. 그리고 배움의 결과로 성취하는 것은 성공의 지표로 여기지 않고, 남을 섬기는 도구로 사용한다. 세상의 교육은 열심히 공부하고 일해서 혼자 5천 명분을 먹으면 성공이라고 하지만, 아드 폰테스적인 기독교 교육은 혼자서 5천 명을 섬기는 것을 진정한 성공으로 여긴다.

아드 폰테스 교육은 머뭄이 아닌 떠남을 위한 교육이기도 하다. 죄로 물든 인간은 자신에게 주어진, 혹은 노력으로 얻어 낸 안락함을 유지하기 위해, 다시 말해 변화를 최소화하기 위해 변화를 추구하는 존재다. 바벨탑을 쌓아서 흩어짐을 면해 보려 한다. 즉 끊임없이 안주하고 머물고 싶게 하는 것이 세속 교육의 특징이다.

반면 기독교 교육은 떠나기 위해 배운다. 예수님은 힘들고 지친 우리를 초대하셔서 주님께 배워 세상으로 "가라"고 명령하신다. 우리는 배우면 배울수록 하나님을 우리가 있는 곳으로 불러들여 부리려고 한다. 하지만 기독교 교육을 받은 사람은 하나님이 일하시는 곳에 가서 하나님이 하시는 일에 동참한다.

성장을 넘어 성숙을 추구하는 점 또한 아드 폰테스 교육의 특징이다. 성장이 외적인 요소라면 성숙은 내적인 요소가 강하다. 성장이 '잘함'이라면 성숙은 '자람'이다. 자람은 올바로 성장하는 것이다. 성장을 넘어 성숙을 추구한다는 것은 더 이상 초보적인 수준에 머무르지 않고, 더욱 깊고 넓은 세계를 추구한다는 의미다.

아드 폰테스는 기본으로 돌아가는 정신이기에 기초가 중요하다. 하지만 기초에만 머물면 성장도 성숙도 없다. 그래서 〈히브리서〉를 기록한 기자는 "그리스도의 도의 초보를 버리고 완전한 데로 나아가자"라고 촉구한다. ^{히 6:1-2}

영성 목회로 유명한 유진 피터슨은 현대의 언어로 성경을 번역한《메시지》에서 "유치원생 수준으로 손도장 찍는 그림 연습을 이제 그만 멈추고 진짜 예술 작품에 관심을 가지라"고 말한다. 성숙함은 이전에 못 보던 것을 보게 한다. 더 큰 그림을 보게 하고, 전체를 보게 도와준다. 눈앞에 있는 것만이 아니라 멀리 있는 것까지 보는 힘이 성숙이다.

홀로서기

아드 폰테스적 기독교 교육은 세상 속에서 홀로서기를 하도록 해주며, 동시에 독립적인 존재가 아닌 의존적 존재로 만들어 준다. '홀로 서는 의존적 존재'라는 표현이 모순처럼 들릴지도 모른다. 하지만 여기서 말하는 홀로서기는 하나님으로부터 홀로 서는 존재가 된다는 말이 아니다. 세상 속에서 구별되는 생활 양식을 가지고 살아가는 것, 홀로 배척당하는 것을 두려워하지 않는 존재가 되는 것을 뜻한다.

인간은 누구나 소외되는 것을 두려워한다. 그래서 때로는 옳지 않다는 것을 알면서도 어쩔 수 없이 남들과 함께하는 경우가 있다. 그것을 지혜라고 스스로를 속이기도 한다. 하지만 성경은 오히려 '소외되라'고 가르친다. 세상 속에 살아가지만 세상에 속한 사람들이 아니므로 구별되라고 촉구한다. 아드 폰테스적 기독교 교육은 바로 그러한 홀로서기를 가능하게 해주는 교육이다.

홀로 선다는 것은 하나님 없이도 당당하게 살아가는 독립적 존재가 된다는 의미가 아니다. 오히려 홀로서기를 가능하게 해주는 힘은 하나님께 철저하게 의존하는 존재가 될 때 생긴다. 세속적 교육은 '혼자서도 잘하는' 존재로 만들어 주지만, 본질로 돌아가는 기독교 교육은 예수 그리스도 없이는 '아무것도 아닌 존재'가 되게 만든다. 그것이 아드 폰테스의 역설이다.

그러기 위해 세상으로부터 '미움 받을 용기'가 필요하다. 우리의 문제는 모든 사람에게 사랑과 인정을 받고 싶어 하는 욕구에서부터 시작된다. 많은 사람이 다른 사람으로부터 사랑받으려고 발버둥질하다가 결국 하나님의 사랑과 관심에서 벗어나고 마는 것이다.

이 '미움 받을 용기'라는 말이 요즘 유행이다. 나는 지금을 살아가는 그리스도인에게 바로 그러한 용기가 필요하다고 믿는다. 하나님 한 분만 나를 사랑하고 알아주신다면, 세상 모두가 나를 미워해도 두렵지 않다는 믿음을 키워 주는 것이 바로 아드 폰테스 교육이다. 세상을 흔드는 교육이다.

성경이 기본이다

모든 성경은 하나님의 감동으로 된 것으로 교훈과 책망과 바르게 함과 의로 교육하기에 유익하니 _ 딤후 3:16

나는 위의 성경 말씀이 기독교 교육과 학습에서 가장 중요한 정신이라고 생각한다. 성경은 하나님의 감동으로 기록되었다. 기독교 교육, 즉 변화와 성숙을 위한 영성 훈련의 기본 지침은 성경이다. 그렇다면 변화와 성숙을 위한 학습 과정 또한 하나님의 감동으로 이루어진다는 사실을 알 수 있다.

교육은 변화를 위한 인간의 노력과 개입이 아닌 하나님의 영역이다. 교육을 통해 추구하는 변화는 지금보다 나은 상태가 되는 것이 아니라, 하나님이 의도하신 원래의 상태로 돌아가는 과정이다. 우리 안의 하나님의 형상을 회복하는 과정이다. 그러므로 하나님의 개입을 배제한 인간적인 방법, 세상적인 철학을 연구함으로 인간성을 회복할 수 있다고 믿는 관점은 정말 터무니없는 학습 이론이다. 이 세상은 하나님의 창조물이며, 하나님의 생각대로 만들어졌다. 교육은 바로 그 하나님의 생각을 배워 가는 학습 과정이다.

아무리 사회 과학이 발달하고 뛰어난 이론이 등장한다 해도 그런 이론과 방법으로는 인간성을 회복시키는 교육을 할 수 없다. 하나님의 감동을 힘입을 때 진정한 교육이 이루어진다. 그런데 하나님의 감동은 교회 교육에만 있는 게 아니다. 예수 그리스도의 보혈 위에 세워진 가정 안에서도 충분히 가능하다.

더 나아가 변화와 성숙의 가능성이 있는 모든 곳에 기독교적 가치를 전해야 한다. 그럴 때에 세상의 빛과 소금이 되는 그리스도인이 날로 늘어날 것이다. 🔲

Part **2**

흔들어라,
성공

#1
성공의 기준

몽상가, 한량, 운명론자 사이에서

이 세상에 성공을 원하지 않는 사람은 없을 것이다. 그렇다면 성
공하기 위해 가장 필요한 것은 무엇일까? 시중에 있는 수많은 자
기 계발서가 말하는 성공의 요인들을 한마디로 요약하면 뭘까?

전직 프로듀서로 여러 유명 프로그램을 연출한 주철환 교수
가 오래전《PD 마인드로 성공 인생을 연출하라》라는 책을 냈다.
저자는 성공하기 위해 필요한 세 가지 요소를 '뜻, 땀, 때'라고 강
조했다. 성공은 우연한 사건이 아니라 선택의 문제로, 우리가 무
엇을 선택하느냐에 따라 인생이 달라질 수도 있다는 뜻이다.

그가 주장하는 성공 인생의 3요소, 뜻, 땀, 때는 원래 도산 안창

호 선생의 '힘의 사상'에서 나왔다. 세상 모든 것은 힘의 산물이다, 힘은 기르면 반드시 생긴다, 우리가 믿고 바랄 것은 오직 우리의 힘밖에 없다는 세 가지 사상을 담고 있다. 이는 조국의 독립을 꿈꾸던 당시 우리 청년들에게 많은 도전을 주고 공감을 불러일으켰다.

뜻을 세워도 힘을 기르기 위해 땀을 흘리지 않으면 몽상에 불과하다. 반대로 뜻 없이 땀만 흘리면 비효율적이다. 특별한 뜻도 없고, 땀도 안 흘리며 놀고먹으려는 사람을 한량이라고 부른다. 그런데 요즘 젊은이들 중 한량이 꿈인 사람이 참 많다. 또한 때를 분별하지 못해 뜻도 있고 힘도 쓰는데 하는 일마다 망하는 사람이 있다. 그런 사람들이 종종 자신은 성공할 수 없다고 결론지어 버리는 운명론자가 된다. 안타깝게도 한국 사회에는 몽상가, 한량, 잘못된 운명론자가 너무 많다. '건달'이라는 표현도 한량과 비슷한 의미를 가진다. 건달의 한자는 마를 건乾 거닐 달達로 건달은 땀을 흘리지 않고 빈둥거리는 사람을 칭한다. 이름 하여 백수. 예전에 청년 사역을 하던 내 친구 목사의 사명은 한량 같은 청년들의 숫자를 줄여 가는 것이었다. 교회 안에 한량이 줄 때 세상에 영향력을 미치는 교회가 될 수 있다.

지금 한국 교회는 총체적 위기를 맞았다. 한때 1,300만에 육박했던 기독교 인구가 800만으로 줄었으며 교회의 양극화 문제가 담론화되었다. 한편에서는 기독교를 개독교라고 부른다.

분명한 것은 교회가 세상에서 영향력이 없어졌다는 사실이다. 본질에서 벗어났기 때문이다. 1,000만이든 800만이든 인구의 20퍼센트는 훌쩍 넘는 숫자로, 130년 기독교 역사가 이룩한 엄청난 결과다. 그런데 문제는 영향력이다. 바닷물을 짜게 하는 것은 겨우 3퍼센트의 염분이라고 한다. 20퍼센트면 짜다 못해 써야 한다. 그러나 한국 사회는 어느 조직이든 그리스도인이 있으나 없으나 별 차이가 없다.

값없이 주시는 복

이상하게도 교회가 성공을 이야기하면 부정적으로 바라보는 사람들이 많으며, 성공은 교회가 아니라 세상에서 배워야 한다는 생각이 우리를 지배하고 있다. 이런 점 때문에 많은 그리스도인이 이중적인 생활을 한다. 하지만 하나님은 우리가 형통하기를 원하신다. 세상이 추구하는 성공과 하나님이 우리에게 주시려는 형통이 전혀 다른 의미일 뿐이다. 세상의 성공은 내가 하기 달렸다. 하지만 하나님의 형통은 하나님의 은혜와 우리의 준비가 만나는 곳에서 일어난다. 하나님의 형통은 하나님이 주시는 것이지 우리가 쟁취하는 것이 아니다.

한자로 복福은 왼쪽에 제사를 뜻하는 '보일 시示'와 오른쪽에 복을 의미하는 '꽉찰 픱畐'으로 이루어졌다. 여기서 '보일 시'가 의미하는 제사는 예배다. 이를 통해 신의 복이 가득한 상태를 진정한 복이라고 해석할 수 있다. 성경에도 그리스도가 복의 근원이라고 가르친다.

> 찬송하리로다 하나님 곧 우리 주 예수 그리스도의 아버지께서 그리스도 안에서 하늘에 속한 모든 신령한 복을 우리에게 주시되 _ 엡 1:3

모든 복은 그리스도로부터 비롯된다. 그런데 현대 문화와 사회는 종교를 모든 것으로부터 억지로 분리시킴으로써 복의 개념을 망가뜨렸다.

〈에베소서〉는 사도 바울이 로마 감옥에 수감되어 있을 동안 쓴 네 편의 편지 중 하나다. 아이러니하게도 이 옥중에서 쓴 편지에는 하나님이 그리스도 안에서 값없이 주신 신령한 축복과 교회를 향한 그의 기대와 꿈이 가득하다. 그래서 〈에베소서〉는 성도의 은행, 성도의 저금통장, 혹은 성경의 금고라는 별명이 붙기도 한다. 돌아가신 옥한흠 목사는 〈에베소서〉를 제대로 모르면 영적으로 가난뱅이가 되기 쉽다고 말하신 적이 있다.

현대 그리스도인의 무기력함은 교회론의 문제이자 기본기의 문제다. 구원받기만 하면 보장된 영적 부요를 누리지 못하는 이유는 우리가 '그리스도 안에' 있는 복의 비밀, 즉 아드 폰테스의 비밀을 제대로 알지 못하기 때문이다. 성경이 가르쳐 주고, 세상이 부러워하는 형통의 키워드는 바로 "그리스도 안에서"다. 다시 말해 아드 폰테스, 본원으로 돌아가는 것이 이 땅을 살아가는 우리의 소망이다. 근원에서 벗어난 형통, 즉 그리스도 안에 있어야 할 것들이 그리스도와 분리되면 상처와 아픔을 주는 성공을 가져온다.

형통하는 인생의 핵심

〈에베소서〉에는 '그리스도 안'이라는 말이 굉장히 많이 나온다. 이는 하나님의 구원의 경륜과 비밀과 섭리, 그리스도인의 몸으로서의 교회를 설명할 때 제일 많이 사용하는 단어다.

형통하는 인생의 핵심은 바로 그리스도 안에 거하는 것이며 이것이 신령한 복이다. 이를 놓치면 자칫 거룩한 백수 인생이 된다. 일이 뜻대로 풀리지 않을 때면 시대를 탓하고, 세상이 불공평하다고 원망하지만, 사실은 우리가 본질에서 벗어난 탓에 겪는 어려움이 더 많다.

본원으로 돌아가는 아드 폰테스, 즉 그리스도 안에 거하면 누리게 되는 신령한 복의 비밀을 잘 모르면 이 땅에서의 삶이 괴로울 때가 많다. 이 땅에서의 삶이 편안하고 좋으면 천국을 바라보지 않기에 문제가 있지만, 반대로 하루하루가 힘들고 고통스러워 빨리 죽어서 천국에 가고 싶다고 되뇌는 삶도 분명 건강한 그리스도인의 태도는 아니다. 어디에 있더라도 신령한 복을 누리는 그리스도인이 되어야 한다.

말씀을 공부하고 묵상할 때마다 느끼는 것이지만, 초대 교회가 믿었던 예수님과 지금 우리가 믿는 예수님은 다른 분이 아닌가 하는 생각이 든다. 초대 교회 성도는 비록 소수였지만 세상을 변화시켰고, 지금은 예수님을 믿는 사람이 그때보다 훨씬 더 많음에도 불구하고 세상은 변함이 없으니 말이다.

기독교는 영향력이 있다. 좋은 영향력인지 좋지 않은 영향력인지는 그 복의 근원이 무엇인지에 따라 달라질 수 있지만, 하나님 안에서 누리는 복은 분명 선한 영향력이 있다. 선한 영향력으로 세상을 변화시키는 아름다운 그리스도인이 되기를 소망한다.

영적인 평안

"그리스도 안에 있으면 하늘의 신령한 복을 누리게 된다"라고 말하면 기복 신앙으로 몰리는 경향이 있다. 이는 형통과 성공은 편안한 것이라고 생각하기 때문이다. 사람들은 편리함을 성공과 혼동한다. 현대인들은 불편한 것을 아주 싫어한다. 그것은 예수 안에 있다는 그리스도인도 마찬가지다. 돈, 권력 등 세상의 복만을 추구하다 보니 세상 사람과 다를 바가 하나도 없다. 세상이나 교회나 그 하는 모양이 비슷해져 버렸다. 교회도 성공을 좋아하고, 물질과 권력을 좋아하게 된 것이다. 이처럼 믿는 사람과 안 믿는 사람의 차이가 없어지다 보니 세상이 교회를 봐도 감동을 받지 않는다.

무엇이 문제일까. 우리에게 그리스도 안에 거한다는 생각이 없기 때문이다. 본질에서 벗어나 버렸고, "나는 성도다. 하나님의 사람이다"라는 정체성이 사라져서 생긴 결과다. 요즘 그리스도인들은 "나는 죄인이고 완전한 사람은 아니지만 그래도 나는 하나님의 사람이다." "나는 그리스도 안에 있으므로 내 안에는 생명이 있다"라는 인식을 하지 못하는 경우가 많다. 그렇기에 더욱 아드 폰테스 정신이 필요하다.

믿음은 영원한 평강을 위해 지금의 불편함을 감수하는 힘이다. 부흥하는 교회는 불편을 당연하게 여겨야 한다. 성장하는 사람일수록 환경이 더 불편해지는 것이 맞다. 부흥하는 교회는 주차장이 불편하다. 편의 시설도 제대로 이용할 수 없다. 그러나 그것은 하나님의 형통과 함께 따라오는 대가다. 성경이 가르쳐 주는 신령한 복은 편리함, 육신의 편안함이 아니라 영적인 평안이다. 영적으로 평안하면 불편함을 감사함으로 누리게 된다. 그것이 아드 폰테스 정신의 힘이다. 그리스도 안에 거하면 세상이 설명할 수 없는 평강과 놀라운 형통을 경험한다.

기독교는 역설의 종교다. 그래서 모순 같아 보이지만, 그리스도 안에 있다는 사실이 오히려 우리를 불편하게 만든다. 특히 얽매이는 것을 싫어하고 자유분방한 젊은이들에게는 예수님을 믿는 것이 많은 불편을 감수해야 하는 일일 수 있다. 하나님의 말씀은 우리에게 편리함과 편안함을 보장해 주지 않는다. 오히려 예수님 안에 있으므로 불편할 것이라고 경고한다. 예수님의 이름 때문에 능멸당하고, 무시당하고, 모욕당할 것이라고 한다.

그러나 그리스도 안에 머무는 사람들에게는 세상을 변화시키는 능력이 있다. 아니, 그러한 능력은 그리스도 안에 머무는 사람들에게서 반드시 나타나야 한다. 그리스도 안에 있다는 말은 그분과 연합했다는 말이다. 아드 폰테스 정신을 추구하는 사람들은 단순하게 '나는 하나님을 믿습니다'라는 말로 만족하지 않는다. 하나님 안에 깊이 들어가서 그분과 연합하기를 원해야 한다. 그리스도인이 되었다는 것은 주님이 내 안에, 내가 주님 안에 있다는 의미다. 예수 그리스도와 연합하는 것, 그분과 함께 세례받고 부활에 참예하는 것, 그리스도의 구원 사건이 내 것이 되는 것, 그리스도의 능력이 내 능력이 되는 것이 바로 그리스도 안에 in Christ 있다는 의미다.

지금 힘든 시절을 지나고 있는가. 일이 뜻대로 풀리지 않는다고 낙심하지 말고 오직 하나님을 바라라. 신령한 복을 베풀기 원하시는 하나님은 오늘도 당신을 영적인 형통과 평안으로 이끄신다. 여기에 아드 폰테스의 놀라운 비밀이 있다. ▩

#2
말씀으로
형통하라

새사람이 되라

성경은 누구든지 그리스도 예수 안에 있으면 새로운 피조물이라고 강력하게 말한다.^{고후 5:17} 인생의 진정한 성공은 바로 새로운 피조물이 되는 것에서부터 시작한다. 중간에 어설프게 수정되는 인생이 아니라 처음부터 다시 시작하는 인생 말이다.

나는 한국 교회에 많은 청년이 다시 몰려왔으면 좋겠다. 그래서 텅 빈 예배당을 젊은이들이 가득 채우기를 소망한다. 그러나 숫자보다 중요한 것은 내용이다. 돌아가신 하용조 목사에게 미국에서 자란 1.5세 목회자들이 멘토링을 받은 적이 있다. 그분은 부흥의 열정에 사로잡혔던 우리에게 '교인과 교회가 내용 없이 부흥하는 것은 저주'라고 했다.

　내용 없는 부흥은 축복이 아니다. 진정한 부흥이 임했다면, 한 사람 한 사람이 그리스도 안에서 살려고 노력하는 하나님의 사람이 되어야 한다. 그때 기적이 일어나고 하나님이 일하시기 시작한다. 그리고 우리는 그것을 형통이라고 부른다. 만약 그렇지 않다면 우리가 속한 교회는 이 땅에 존재하는 또 하나의 교회 이상의 의미가 없다. 세상에 아무런 감동을 줄 수도 없고, 변화를 줄 수도 없다.

형통하는 그리스도인의 기본 덕목

세상을 변화시키는 교회, 성공을 뛰어넘어 형통하는 그리스도인이 갖추어야 할 가장 기본 덕목은 말씀이다. 하나님의 말씀을 삶의 기본으로 삼고, 한시도 마음에서 떠나지 않게 하며, 거기에 기록된 대로 지켜 행하면 분명 성공할 수 있다.수 1:8 앞서 언급했던 주철환 교수가 말하는 '뜻을 세우는 것'이 세상에서의 성공이라면, 하나님의 말씀을 통해 그분의 뜻을 발견하는 것이 형통이다.

　말씀이 우리를 형통하게 하는 능력인 까닭은 말씀이 바로 하나님이시기 때문이다. 예수님은 말씀으로 이 땅에 오셨다. 그리스도는 말씀이 육신이 되신 하나님이시다. 그러므로 그리스도 안에 거한다는 것은 그분의 말씀 안에 거한다는 말이다. 그리스도 안에 머물면 우리는 그리스도를 닮아 가게 된다. 소망이신 예수님 안에 머물면 은혜와 진리가 충만해진다. 한국 교회에도 한때 영성 훈련과 리더십이 인기 있는 주제로 떠오른 적이 있는데, 영성 훈련을 기독교적 웰빙 운동쯤으로 여겼던 듯하다. 진정한 영성 훈련은 우리가 심겨진 자리에서 그리스도를 닮아 가는 것인데 말이다.

그렇다면 말씀이 형통 인생에 꼭 필요한 이유는 무엇일까. 말씀은 형통하는 삶으로 나아가는 올바른 방향을 제시하기 때문이다. 말씀을 붙든다는 것은 하나님의 뜻을 품는다는 것이다. 세상은 속도의 중요성만을 가르쳐 주지만, 말씀은 방향의 중요성을 가르쳐 준다.

말씀이신 그리스도를 떠나면 불필요한 전통을 붙잡기 쉽다. 그래서 말씀을 떠난 교회는 참으로 무섭게 전통과 관습을 의지한다. 구태의연한 관습을 새로운 것으로 착각한다. 나는 전통적인 장로교 목사의 아들로 자라면서 말씀을 떠나 전통과 관습에 의지하는 풍토가 가져다주는 폐단을 많이 보았다.

말씀은 또한 성공의 품격을 만들어 주는 기준이 된다. 세상의 성공은 결과만을 가지고 평가하지만 성경은 과정도 중요시한다. 동기와 결과가 모두 선해야 하는 것이다. 그래서 기독교 교육이 꼭 필요하고 올바로 이루어져야 한다. 사람은 얼마든지 나쁜 동기를 가지고 선한 일을 추구할 수 있는 존재므로 성공의 품격을 가늠하는 기준은 불변하는 진리여야 한다. 그런 까닭에 어떤 것에도 방해받지 않고 변함없는 말씀이 우리의 변화무쌍한 삶을 측정하는 기준이 되어야 한다.

우리를 단련시키는 말씀

형통을 추구하는 우리가 하나님의 말씀으로 돌아가야 하는 또 다른 이유는 하나님의 말씀은 우리를 점검하여 깨끗하게 하며 단련시키기 때문이다. 청년의 삶에는 유혹이 많다. 특히 성공에는 늘 여러 가지 유혹이 함께 따라오기 마련이다. 그래서 말씀을 떠나면 유혹에 빠져 죄를 짓기 쉽다. 청년 다윗은 그런 까닭에 말씀을 따라 행실을 깨끗하게 하며 주님께 죄를 범하지 않겠다고 다짐했다.시 119:9,11

또한 말씀은 우리를 단련시킨다. 성경은 그리스도 안에 있는 우리에게 여전히 "두렵고 떨림으로 구원을 이루라"빌 2:12고 말하는데, 여기서 '이루라'는 표현은 '단련하여 이루다'라는 뜻이다. 영어 성경에서 구원을 이루라는 말은 work out, 안에서 행하시는 하나님은 work in으로 표현한다. 즉 말씀을 가지고 부지런히 훈련하라는 말이다.work out 그러면 하나님이 우리 안에서 일하시겠는 뜻이다. work in us

말씀이 우리 가운데 거하시면 하나님의 마음에 합당한 뜻을 품게 된다. 바로 이것이 하나님이 우리 가운데 소원을 두고 행하신다는 말이다. 그러므로 하나님의 말씀으로 단련해야 한다. 하나님이 말씀을 통해 우리 삶 가운데 일하시도록 우리 삶을 내어드려야 한다. 그것이 바로 헌신이다.

많은 사람이 "주님을 만난 뒤 내 삶이 바뀌었다"라고 간증한다. 주님은 수술칼을 쓰지 않으셨지만 말씀으로 우리의 삶을 바꾸신다. 만약 수술칼을 들고 우리에게 다가오셨다면 우리는 뒷걸음질하며 주님의 손길을 거부했을지도 모른다.

예수님을 믿는다면 그리스도의 향기가 나는 인생이라는 소리를 들어야 한다. 예수님을 생각나게 하는, 예수님 닮은 사람이라는 칭찬을 들어야 한다. 그러기 위해서는 하나님의 말씀을 붙잡아야 한다. 말씀을 듣고, 읽고, 연구하고, 암송하고 묵상해야 한다. 그러면 살아 있는 하나님의 말씀이 우리 삶 가운데서 역사하기 시작한다.

상상을 초월하는 말씀의 능력

말씀의 능력은 우리의 상상력을 초월한다. 한국 교회는 말씀의 능력을 바탕으로 세워지고 부흥했다. 1866년 토마스 선교사가 제너럴셔먼 호를 타고 지금의 북한땅 대동강가에 도착했다. 그런데 조선 땅을 밟기도 전에 제너럴셔먼 호는 불타고 토마스 선교사는 목이 잘려 순교한다. 죽기 직전 토마스 선교사는 최치량이라는 열두 살짜리 소년에게 세 권의 성경을 전했다. 토마스 선교사가 죽는 것을 지켜본 소년 최치량은 겁을 먹고 성경을 박영식이라는 군장에게 준다. 박영식은 그 성경으로 자기 집을 도배했고, 훗날 성인이 된 최치량이 박영식의 집을 구입해 주막으로 사용했다. 세월이 흘러 1893년 마펫 선교사 일행이 조선에 도착해 최치량이 운영하는 주막에 머물며 방에 도배된 성경을 발견한다. 선교사 일행은 최치량에게 방을 성경으로 도배하게 된 사연을 자세히 듣고는 최치량에게 복음을 전했다. 뿐만 아니라 선교사들은 그 주막을 구입하여 훗날 평양대부흥의 본거지가 된 평양산정현교회를 세웠다.

생명력 있는 하나님의 말씀은 주막을 교회로 만든다. 말씀은 우리 같은 죄인들을 변화시켜 하나님의 자녀로 만드는 능력이 있다. 그러므로 우리는 날마다 이 능력의 말씀을 먹고, 읽고, 쓰고, 심어야 한다! 말씀에 깊이 들어가면 갈수록 우리의 삶은 더욱 변화한다. 더욱 그리스도를 닮아 가게 되어 있다. 하나님의 말씀은 그리스도에 관한 기록이기 때문이다. 아드 폰테스, 그리스도에게로 돌아가라! 樂

#3
성령 안에
머물라

성령의 이끄심

현대를 살아가는 그리스도인의 고뇌는 보이지 않는 하나님을 마주해야 한다는 것이다. 그분의 음성은 육성으로 들리지 않는다. 물리적인 손길도 느껴지지 않는다. 그래서인지 하나님과 누릴 수 있는 유일한 관계는 성경의 계명과 교훈에 부지런히 순종하는 길뿐이라고 결론을 내리는 그리스도인이 의외로 많다. 그들은 삶을 다 바쳐 성경에 나타난 계명을 열심히 따르려 한다. 하지만 그러한 노력은 율법주의적인 종교로 이어질 위험이 있다.

내 노력으로 성공하겠다는 생각을 내려놓고 성령 안에 머물러야 한다. 성령은 옳은 것을 깨닫게 하는 분이시기 때문이다. 하나님과의 관계에서도 마찬가지다. 인간적인 열심과 노력은 하나님의 영광을 가린다. 성령이 없으면 하나님의 말씀은 교리 체계를 잡아 가는 율법으로 전락하고 만다. 영성 훈련에서 우리가 가장 주의해야 할 것이 바로 수치심과 죄책감인데, 그 둘은 종종 우리를 윤리적인 존재로 만들어 도덕적 유혹에 빠지게 한다.

말씀으로 돌아가 말씀 안에 머물려는 훈련에도 성령의 적극적인 개입이 필요하다. 모든 성경은 하나님의 감동으로 된 것으로,딤후 3:16 말씀이 기록되고 우리 손에 오기까지 성령이 적극적으로 개입하셨다. 그러므로 하나님의 감동이 없으면 성경을 수천 번 읽어도 깨달을 수 없다.

예전에 반짝 인기를 끌었던 파란 눈의 승려 현각은 하버드대학교와 예일대학교에서 신학을 공부했다. 그러던 어느 날 성경을 읽다가 '과연 진리란 무엇인가'라는 질문을 화두 삼아 출가하여 승려가 되었다. 이처럼 성령의 도움 없이 인간의 눈으로 성경을 읽으면 말씀은 한낱 격언에 지나지 않게 된다. 성령 안에 머물며 말씀 안으로 들어가는 것이 말씀을 대하는 올바른 자세다.

말씀 묵상 혹은 큐티도 성령과 함께해야 한다. 우리의 열심을 가지고 말씀을 붙잡는 것이 아니라 성령이 우리를 말씀으로 사로잡아야 한다. 그것이 큐티다. 말씀의 전통을 중시하는 개혁주의 신학은 가끔 성령의 능력을 놓치곤 한다. 성령의 능력을 이야기하면 신비주의라고 무시하기 쉽다. 하지만 태초부터 계셨던 성령은 결코 막연하거나 신비한 존재가 아니다. 살아 계신 하나님의 영이 우리 마음 가운데 역사하셔서 능력을 행하시는 것, 그것이 진정한 성령의 임재다. 우리는 성령을 사용하려고 하면 안 되고, 성령께 사로잡혀야 한다. 그때 하나님 말씀의 맥을 잡을 수 있다. 그리고 그 말씀 속의 놀라운 비밀, 축복의 통로를 찾아 복을 누리게 된다.

삶을 변화시키시는 성령

성공과 형통을 추구할 때 반드시 우리가 성령 안에 거해야 하는 까닭은 성령은 옳은 것에 머물게 하는 분이기 때문이다. 기독교의 근본 특성은 하나님과 사람의 관계다. 이것은 사람들이 자기 입맛에 맞게 만들어 내거나 뜯어 고칠 수 있는 것이 아니라 진리의 성경 말씀에 따라 규정된 관계다. 우리가 관계 맺어야 할 대상은 성경에 자신을 계시하신 참 하나님이지 인간이 만들어 낸 신이 아니다. 혹여 성경에 나타난 분 외에 다른 신을 안다고 주장하는 이는 이단을 받아들이는 것이다.^{갈 1:6-9}

　요즘 대학교에서 기독 청년들은 줄어드는 반면 이단은 점점 활발하게 활동한다고 한다. 청년 사역을 하다 보면 쉽게 이단에 빠지는 청년들을 만난다. 이들은 말씀에 대한 기본 지식이 얕기도 하지만, 성령 충만에서 비롯되는 분별력이 없는 것 같다. 성경은 다른 복음을 따르는 현상에 대해 경고하는데, 우리가 하나님을 속히 떠나 다른 복음을 따르는 이유는 성령을 떠나 살기 때문이다. 성령 없이 인간적인 열심을 낸 결과다. 세상일은 우리가 땀을 흘린다고 되지 않는다. 하나님의 개입이 없으면 모두 헛된 땀이 되고 만다.

우리가 주님께 헌신할 때 예수님은 성령을 내면에 모셔 들이도록 하셨다. 성령이 내주하신다는 것은 어떤 느낌이나 감정이 아니다. 성령은 하나님의 영이다. 그러므로 우리의 삶에 변화를 일으키시는 것이 바로 성령의 사역이다. 변화의 능력을 주시는 분이 성령 하나님이시다. 성령은 죽을 몸도 살리시는 영이다. 바로 이 능력의 성령이 우리 삶의 모든 변화를 가능케 하신다.롬8:11

성공과 형통은 우리의 습관과 깊은 관련이 있다. 오래된 습관의 문제를 성령에게 의탁하면 해결해 주신다. 형통과 성공을 위한 새로운 습관 또한 성령이 도와주셔야 만들 수 있다. 우리의 생각을 고치시고, 좋은 생각을 심어 주시고, 상황에 대처하는 능력을 주시는 분이 성령 하나님이시다.

영성 훈련의 목표 중 하나는 그리스도를 닮아 가는 것이다. 하지만 그리스도를 닮아 가는 과정조차도 우리의 열심으로 이루어지지 않는다. 이것은 오직 성령 하나님의 사역이다. 우리 삶의 궁극적 목적인 예배를 가능케 하시는 이도 성령 하나님이시다.

하나님은 하나님의 말씀을 통해 이 세상에서 변화된 삶을 살아

가게 하며, 그 변화된 삶을 통하여 이 땅을 변화시키신다. 그리고 그 변화의 능력은 성령으로부터 온다. 문제는 우리가 하나님의 사역에 동역자로서 그다지 협조적이지 않다는 데 있다. 동역자로 불러 주신 것만도 감사한데, 우리의 지분을 너무 많이 주장한다. 성령 앞에서 내가 가진 것을 포기하면 더 크고 귀한 것을 얻는다.

은혜 안으로

그리스도 안에 머무는 삶은 하나님 안에 거한다는 것이다. 삶의 주어가 바뀌고 생각이 바뀌는 것이다. 하지만 이것은 내 노력으로 되지 않는다. 오직 하나님이 은혜를 내려 주셔야 가능한 변화다. 열심 있는 젊은 그리스도인이 가장 이해하기 힘든 개념이 은혜다. 사도 바울은 성도들의 구속이 하나님의 은혜의 풍성함에 따라 이루어졌다고 말한다. 우리는 하나님의 은혜를 받을 만한 어떤 자격도, 공적도 가지고 있지 않았다. 그러나 하나님은 무조건적인 호의로 우리를 사랑하셔서 우리를 죄 가운데서 구속해 주신 것이다.

필립 얀시는 《놀라운 하나님의 은혜》라는 책에서 은혜를 "자격 없는 자에게 베푸시는 하나님의 호의"로 정의했다. 은혜는 의인이 아닌 죄인들을 향한 하나님의 무조건적인 호의다. 이 은혜는 바울 서신 가운데서 큰 비중을 차지하는 단어다. 바울은 자신이 얼마만큼 하나님의 교회를 핍박했으며, 유대교에 열심이었는지를 설명한 다음 자신의 구원이 하나님의 은혜로 되어졌음을 고백한다.

¹⁵그러나 내 어머니의 태로부터 나를 택정하시고 그의 은혜로 나를 부르신이가 ¹⁶그의 아들을 이방에 전하기 위하여 그를 내 속에 나타내시기를 기뻐하셨을 때에 내가 곧 혈육과 의논하지 아니하고 _ 갈 1:15-16

사도 바울은 자신의 열심으로는 교회를 핍박했지만 하나님의 은혜는 교회를 위해 자신을 희생하도록 그의 인생을 바꾸셨다고 강조한다.

바로 여기에 젊은이들이 빠지기 쉬운 위험이 숨어 있다. 타락한 인간은 지불한 것 이상으로 무언가를 받아 생기는 기쁨이 감사임을 잊어 버리려는 마음이 있다. 이것이 은혜에 관한 생각의 싸움이다. 아담과 하와가 선악과를 먹고 범죄하여 타락한 뒤로 우리는 싫으나 좋으나 날마다 생각의 싸움, 주어 바꾸기의 싸움을 벌이고 있다. 아무리 매일 그리스도가 내 인생의 주인임을 고백하는 기도를 드려도 조금만 방심하면 어느새 예수님 대신 내가 내 삶의 왕좌에 앉아 있는 모습을 발견한다.

그 주어 바꾸기의 싸움은 대부분 우리의 생각이 삶으로 반영되는 것이다. 이것을 일컬어 성경은 영적 전쟁이라고 말한다. 그래서 사도 바울은 우리의 싸움이 혈과 육에 속한 것이 아니라고

말했다.고후 10:4 그리고 생각을 사로잡아 그리스도에게 복종하게 하라고 권면한다.고후 10:5

진짜 은혜

은혜는 그 크기를 가늠할 수도, 비교할 수도 없다. 은혜의 반대말은 인간의 노력과 율법이다. 율법은 혈기 왕성한 청년들을 병들고 지치게 하며, 율법에 치우친 사람은 잘못된 열심을 가지고 다른 사람에게 상처를 준다. 그러나 우리가 아무것도 내세울 수 없는 죄인임을 인정할 때 하나님이 먼저 사랑과 호의를 베푸신다. 그렇기에 그 은혜는 우리의 기준으로 가늠할 수도 없고 갚을 수도 없다. 그런데도 가끔 우리는 엉뚱한 채무 윤리로 하나님의 은혜를 대하면서 내가 받은 은혜와 남이 받은 은혜를 비교한다.

죄인들을 향한 하나님의 사랑과 호의, 은혜는 풍성한 것이다. '풍성함' 또한 바울이 즐겨 쓰는 단어인데, 그 풍성함은 남과 비교하는 순간부터 의미를 잃는다. 형통이 은혜라면 내 성공이나 형통은 남의 형통과 비교되어서는 안 된다. 진짜 은혜를 경험하면 경쟁하지 않는다. 오늘날 믿는 사람 사이에서조차 피 흘리는 경쟁을 벌이는 원인은 진짜 은혜를 경험하지 못했기 때문이다.

하나님은 우리들을 구속하기 위해 엄청난 대가를 지불하셨다. 사람은 죄를 짓지만 결코 그 죄를 해결하지 못한다. 오히려 자기가 지은 죄의 노예가 되고 만다. 그것이 우리의 참모습이다. 그런데 하나님은 하나님의 지혜와 방법으로 우리의 죄 문제를 해결하시고 구속해 주셨다. 이것이 은혜다.

은혜 안에 거하지 않을 때 우리의 열심이 드러난다. 그리고 그 열심은 우리가 지은 죄가 엉키는 데 큰 역할을 한다. 때로는 인간의 열심이 하나님의 교회를 힘들게 하기도 한다. 아브라함의 믿음을 의로 여기신 하나님, 아벨과 요셉과 욥을 당대의 의인이라고 칭하셨던 하나님, 바리새인과 세리가 기도할 때 저 세리가 오늘 의로움을 입고 돌아갔다고 말씀하시는 하나님, 바로 그 하나님이 이렇게 말씀하신다.

> ²내가 증언하노니 그들이 하나님께 열심이 있으나 올바른 지식을 따른 것이 아니니라 ³하나님의 의를 모르고 자기 의를 세우려고 힘써 하나님의 의에 복종하지 아니하였느니라 _롬 10:2-3

바리새인들이 가졌던 잘못된 의를 지적하신 예수님처럼, 사도 바울은 아무리 하나님을 열심히 섬겨도 올바른 지식을 따르지 않으면 그것이 잘못된 의가 될 수도 있다고 말한다. 성경은 성령이 오시면 잘못된 의에 대해 책망하신다고 말씀한다. 그 책망을 피하려면 우리를 의롭게 하는 것이 은혜라는 사실을 깨달아야 한다. 그리고 그 무조건적인 은혜의 바다에 빠져야 한다.

한자로 의義란 양羊이 나我 대신 죽는 것을 의미한다. 죄 없는 어린 양, 그 하나님의 어린 양이 세상 죄, 바로 나의 죄 짐을 지고 십자가에서 죽으셨으며, 그것을 믿고 그 아래 거할 때 비로소 의롭다 함을 입게 된다.

빚진 마음

은혜 가운데 머문다는 것은 하나님께 가까이 가는 것이다. 하나님께 가까이 가는 자는 자신의 죄만 보인다. 그리스도인의 형통은 내가 죄인임에도 불구하고 주어지는 은혜다. 그렇기에 자랑할 수 없고, 남을 나보다 낫게 여기며, 성공의 자리에서 내려와 섬김의 자리로 나아간다. 은혜를 깨달은 사람은 모든 것이 "때가 찬 경륜을 위하여 예정하신 것"엡 1:9임을 알게 된다. 인생은 우연이 아니며 모든 것에 때가 있다는 사실을 받아들인다. 그래서 남이 아닌 내 삶 가운데 역사하시는 하나님의 손길을 맛본다.

　하얀 세마포로 둘러싸인 성막 안에 있는 사람은 자신의 더러움과 추함이 쉽게 보인다. 그러나 성막 밖의 먼지 속에 있는 사람은 먼지가 묻은 이웃의 모습이 먼저 눈에 들어오기 마련이다. 회전하는 그림자도 없으신 하나님과 가까이 있는 사람은 자신의 어두운 부분을 밝히 보고 자신이 죄인임을 고백한다. 다메섹으로 기세등등하게 그리스도인을 핍박하러 가던 바울도 하나님이신 예수 그리스도를 만나고 난 뒤 자기 자신을 죄인 중의 괴수라고 고백한다.

자신의 죄악이 크게 느껴지는 사람은 이웃을 정죄하지 않는다. 아니, 정죄할 수가 없다. 그리고 이웃의 죄를 용서할 힘이 생긴다. 은혜가 없으면 우리는 형통을 기뻐하지 않고 비교와 경쟁으로 인해 함께 망하는 길로 치닫는다. 하나님은 자기 백성을 죄에서 구원하실 예수님을 의로운 사람 요셉에게 맡기셨다. 마1:19 그런데 성경에 기록도 별로 없는 요셉이 하나님 앞에 의로운 사람이라는 것을 어떻게 알 수 있을까?

자신과 정혼한 마리아가 결혼 전에 잉태했다. 요셉은 마리아가 성령으로 잉태한 사실을 몰랐을 때도, 화내지 않고 그녀를 용서하고 조용히 죄를 덮어 주려 했다. 그런 요셉의 모습을 하나님은 의롭다 하시고 그의 손에 예수 그리스도를 의탁해 양육하게 하셨다. 자기 백성의 죄를 덮어 줄 그리스도를 요셉의 손에 키우셨다. 은혜로 말미암아 의롭다 함을 경험한 사람에게는 요셉과 같은 모습이 나타난다고 나는 생각한다. 자신의 죄를 밝히 보며, 이웃의 허물에는 관대한 것이다. 혹시라도 이웃의 죄악이 보이면 그들을 정죄하지 않고 자신 역시 죄인임을 깨닫고 그들을 위해 기도하게 된다.

우리는 예배를 마칠 때마다 주님이 가르쳐 주신 기도를 올린다. "우리가 우리에게 죄진 자를 용서해 주듯이 우리의 죄를 용서하옵소서." '나의 죄가 저들의 죄보다 크니이다. 내가 하나님께 일만 달란트 빚졌나이다' 하는 마음으로 살아가는 것이 하나님의 은혜를 경험한 사람의 모습이다.

반면 하나님의 은혜로부터 멀어지면 자신의 의가 드러난다. 바리새인과 세리의 기도처럼 자신의 죄악 된 모습이 서서히 사라지고 이웃의 불의한 모습이 보이는 것이다. 일만 달란트를 용서받은 종이 백 데나리온 빚진 종을 결박하듯, 하나님 안에 있던 아담이 타락하자 사랑하던 하와의 허물을 지적하듯, 은혜를 떠나면 서로 싸우고 공격한다. 하나님의 때를 분별하고 기다리기보다는 내 생각대로 행동하는 이유가 바로 여기에 있다.

진짜 은혜를 체험하면 하나님의 뜻을 온전히 이루려는 열망이 생긴다. 하나님의 뜻이 우리의 바람이나 소원과 다를 수 있다. 하나님의 뜻이 우리의 지식이나 생각과 다를 수 있다. 그때 내 뜻대로 고집 부리지 않고, 내 뜻이 아닌 하나님의 뜻을 이루려는 열망이 바로 하나님 보시기에도 의가 되는 것이다.

성령은 우리가 은혜 안에 거하도록, 말씀 속에서 하나님의 뜻을 발견하도록, 빚진 자의 마음으로 살아가도록 우리를 만지시는 분이다. 성령 안에서 조건 없이 베푸시는 하나님의 사랑에 빠지는 것, 그것이 아드 폰테스적인 형통이며 세상을 흔드는 그리스도인의 구별된 삶이다. 集

4

부르심의 삶

가치관의 혁신

기독교는 역설적인 종교다. 세상의 어떤 철학이나 학문도, 기독교의 가르침보다 역설적일 수는 없다. 사도 바울의 삶이 이 점을 잘 보여 준다. 우리는 위대한 복음 전도사 사도 바울이 복음을 전하며 얼마나 외로워했으며 얼마나 많이 절망과 좌절에 빠졌는지 잘 모를 때가 많다. 우리는 그의 위대한 서신들을 보며 사도 바울도 빌리 그레이엄 같은 유명한 순회 전도사로, 많은 사람의 사랑과 지지를 받으며 복음을 전했을 것이라고 생각하기 쉽다. 그러나 실제로는 정반대였다. 그는 참으로 인정받지 못한 전도자였다. 또한 많은 시간을 혼자 보내야 했고, 사람들의 무관심 속에 잊히곤 했다.

흔히 '푯대'라는 말을 들으면 성공을 떠올린다. 그리고 성공은 특별한 사람들의 특별한 일이라고 여기기 쉽다. 그러나 특별한 일을 해야 성공하는 것이 아니다. 일하는 방식이 특별해야 한다. 예수님을 믿는다는 것, 부르심을 좇는 삶이란 특별한 일을 성취하는 것이 아니라 살아가는 방식이 특별한 것이다.

사도 바울은 살아가는 방식이 특별했다. 그리고 여러 편의 편지를 통해 이 땅에서 역설적으로 살 것을 강조한다. 이 세상에서 그리스도인으로 산다는 것, 즉 부르심을 따라 산다는 것은 여러 가지 의미를 지닌다. 무엇보다 이런 삶은 가치관의 혁신이 일어난 인생이라고 말할 수 있다. 가치관을 바꾸지 않으면 이 땅에 말뚝 박고 눈앞의 영광만을 바라보게 될 것이다.

부르심을 좇아 살 것을 종용했던 바울은 이렇게 고백한다. 과거에는 부모로부터 물려받았거나 스스로 성취해서 얻은 것들을 의지하고 그것들을 자랑거리로 여겨 교만했으나, 그리스도를 만난 뒤로는 전에 자랑하던 것들이 아무것도 아닌 게 되었다고 말이다. 다시 말하면 바울에게 가치관의 혁신이 있었던 것이다. 그는 그리스도를 아는 지식이 가장 고상하다는 것을 깨달았고, 과거에 이익으로 보이던 것들을 손해로 보게 되었으며, 심지어는 그것들을 배설물로 여겼다.

예수 그리스도만 소망하는 삶

부르심을 따르는 삶은 분명한 소망이 있는 삶이다. 소망은 우리의 삶에 공기와 물만큼 중요하다. 이 땅에서 그리스도인으로 살아가다 보면 역경을 만난다. 그러한 어려움을 극복하기 위해서는 하늘 소망이 필요한데 그 소망이 바로 예수 그리스도다. 우리가 푯대를 향해 살기로 작정하면 이 소망이 생긴다. 지금 혹시 절망스러워도 조금만 인내하고 기다리라. 부르심, 즉 푯대를 향하여 우리의 눈을 고정하는 순간 놀라운 변화가 일어날 것이다.

> 여호와의 말씀이니라 너희를 향한 나의 생각을 내가 아나니 평안이요 재앙이 아니니라 너희에게 미래와 희망을 주는 것이니라 _ 렘 29:11

부르심을 향하여 우리의 삶을 고정하는 순간, 우리가 상상하거나 요구하는 것보다 훨씬 더 많은 일들을 이루시는 하나님을 기대하라.

또한 부르심을 따르는 삶은 낮아지는 삶이다. 위엣 것을 바라보고 푯대를 향해 나아가는 생활이 성취 지향적인 삶이라고 오해하기 쉽다. 그러나 세상의 기준과 성경이 말하는 기준은 다르다. 성경에서는 푯대를 향한 삶이 아래로 내려가는, 낮아지는 삶이라고 가르친다. 이것은 매우 역설적이다. 그러나 예수님이 그렇게 역설적으로 사셨다. 낮고 천한 말구유에서 태어나셨으며 제자들의 발을 친히 씻기고 십자가를 지셨다.

집중하는 삶

부르심을 좇는 삶은 집중하는 삶이다.[빌 3:13] 조금 극단적으로 표현하면, 부르심을 좇는 삶은 무엇인가에 미쳐 있는 상태를 말한다. 어정쩡한 모습이 아니라 완전히 몰입하고 전폭적으로 헌신하는 모습이다.

언제부터인가 현대 사회는 집중보다는 중용과 균형을 더 중시한다. 마이클 그리피스는 《내 삶을 받으소서》라는 책에서 "성경에서 중용을 부추기는 말은 거의 찾아볼 수 없다"라고 말한다. 성경 어디에도 적당히 선하고 적당히 거룩하고 적당히 열심을 내면 된다는 말은 찾아볼 수 없다. 어윈 맥매너스 목사도 그의 책 《코뿔소 교회가 온다》에서 "현대 교회가 복음의 능력을 잃어버리게 된 것은 문명화되고 이성적인 사고방식 때문이다"라고 지적한다.

그렇다고 극단적인 것만이 해결책이라는 말은 아니다. 균형 없는 극단주의는 이단에게서 흔히 보이는 특성이다. 균형 잡힌 영성과 적당한 영성은 완전히 다르다는 사실을 기억해야 한다. 성경에 나타난 예수님의 주장과 명령은 '전부 아니면 전무'였다. 그러나 균형 없이 극단으로만 치달으라고 명령하시지는 않았다.

지금은 목회를 하고 있지만, 한때 신학교에서 교수하셨던 권성수 박사는 바울의 근본적인 변화를 "인생의 대차 대조표"에 비유했다. 그의 말을 빌자면, 구원받기 전 바울은 자신의 생리적/후천적 자랑거리들을 이익 부분에 기록했다. 안타깝게도 우리중 여럿은 구원받았다고 하면서도 여전히 세상의 자랑거리들을 이익 부분에 기록하고 있다. 그리고 손해란에 그리스도와 관계된 모든 것을 적었다. 그러나 다메섹으로 가는 길 위에서 예수님을 만나고 난 뒤 완전히 뒤집혔다. 손해라고 여겼던 그리스도에 관한 모든 것이 전부 이익 부분으로 넘어오고 세상적으로 화려한 자신의 육체적 자랑거리들을 하나도 남김없이 손해 부분으로 넘겼다. 완벽한 반전이다. 더 좋은 것으로 덜 좋은 것을 대신한 것이 아니라, 완전히 모든 것의 우선순위가 거꾸로 바뀐 완벽한 변화다. 과거에 이익으로 여겼던 모든 것이 덜 중요해진 것이 아니라, 구원받은 뒤로는 아예 손해로 보이게 된 것이다.

그런데 재미있는 것은 바울이 베냐민 지파에서 자신의 이름을 파내지 않았다는 것이다. 예수를 믿었다고 해서 족보에서 이름까지 파내지는 않았다. 하나님의 은혜로 구속되면서 바뀐 것은 바울의 신분이 아니라, 그의 본질적인 가치관이었다. 아드 폰테스적인 혁신이 일어난 것이다.

중요한 것은 가치관의 변화다. 명문대를 졸업하고 높은 지위와 권력을 얻음으로써 한국인으로서 최고로 성공했다고 자부할 수 있는 사람이 그리스도인이 되면 그의 학력과 지위와 성공을 다 버려야 하는가? 그렇지 않다. 과거의 자랑거리들을 이제는 그리스도 예수 중심으로 재평가하고 과거에 목적으로 보던 그 모든 것을 오히려 그리스도 예수를 위한 수단으로 만들어야 한다.

한국계 미국인인 마이클 오는 세계적인 국제기구 로잔운동본부의 총재다. 몇 년 전 그의 통역을 맡으면서 알게 되었는데, 나와 동갑인 데다가 뜻이 잘 통해 여러 가지 선교 사역을 함께하고 있다. 그가 최근《나는 아무것도 아닙니다》라는 책을 냈다. 자신은 아무것도 아니라고 주장하는 마이클은 아이비리그 대학에서 받은 학위만 세 개다. 그러나 세계 선교에서 중요한 영향력을 행사하는 자리에 올라서도 그는 겸손을 잃지 않았다. 화려한 이력을 자랑하지 않고 스스로를 아무것도 아니라고 고백하니 하나님이 그를 더욱 크게 쓰시는 것이다.

사도 바울 역시 로마 시민권을 포기한 것이 아니라 이를 복음 전파의 수단으로 삼았다. 바울은 이를 이용해 로마까지 가고, 이방인에게 복음을 전했다. 〈고린도후서〉11장 22절 이하를 보면 바울은 과거 자신의 조건들을 무기로 하여 복음의 적대자들을 물리쳤다.

언젠가 우리는 하나님의 심판대에 서서 자신의 삶을 셈하게 될 것이다.롬 14:10 릭 워렌 목사는《목적이 이끄는 삶》에서 "다행히도 하나님은 우리가 이 시험을 통과하기 원하시기에 우리에게 물으실 질문을 미리 가르쳐 주셨다"라고 말한다. 그 첫 번째 질문은 "너는 나의 아들 예수 그리스도와 함께 무엇을 하였느냐?"이고, 두 번째 질문은 "내가 너에게 준 것들로 무엇을 했느

냐"이다. 너는 주어진 삶을 통해 무엇을 했느냐? 내가 준 은사와
재능과 기회, 에너지와 인간관계들로 무엇을 했느냐고 물으신
다는 것이다. 하나님은 우리에게 "내가 준 것을 너 스스로를 위
해 썼느냐, 아니면 내가 너를 창조한 목적을 위해 썼느냐?"라고
물으실 것이다.

　하나님이 우리에게 주신 모든 것을 하나님이 우리를 창조한
목적을 위해 사용하기를 소망한다.

물러섬이 없는 삶

부르심의 삶이란 물러섬이 없는 인생이다. 뒤에 있는 것은 잊어
버리고 앞에 있는 것을 좇는 삶이다. 어떤 면에서 우리에게 거룩
한 고집이 필요하다. 즉 거룩한 집중이 필요하다.

> 예수께서 이르시되 손에 쟁기를 잡고 뒤를 돌아보는 자는 하나님의 나라에
> 합당하지 아니하니라 하시니라 _ 눅 9:62
> 병사로 복무하는 자는 자기 생활에 얽매이는 자가 하나도 없나니…
> _ 딤후 2:4

　그러나 또 하나 기억할 것은 집중과 집착은 다르다는 점이다.
물러섬이 없는 삶과 쓸데없는 고집은 분명 다르다.

> 그러나 무엇이든지 내게 유익하던 것을 내가 그리스도를 위하여 다 해로
> 여길 뿐더러 _ 빌 3:7

바울의 삶에 일어난 근본적인 가치관의 변화는 더 좋은 것을 발견해서 덜 좋은 것들을 접어 둔 것이 아니다. 오히려 과거에 유익이라고 생각했던 것들이, 오직 그리스도를 믿어 하나님으로부터 얻을 수 있는 의의 길을 막아 자신을 망하게 한다는 것을 발견했기에 그것들을 다 손해로 여겼다는 의미다.

부르심을 좇는 삶에는 분명 유익이 있다. 우리는 그것을 흔히 신앙의 열매라고 한다. 즉 부르심을 좇아 살면 의의 열매를 맺게 된다. 릭 워렌 목사는 《목적이 이끄는 삶》에서, 목적이 없는 삶은 우리를 쉽게 피곤하게 만들고, 공허하게 하며, 구부러지게 한다고 말한다. 반면 삶의 진정한 목적을 찾으면 유익이 있다고 말한다. 그 목적은 바로 우리의 눈을 하나님께 고정시키고 부르심을 좇는 삶을 소망하는 것이다. 오늘도 하나님은 우리가 물러서지 않고 주님의 부르심에 믿음으로 나아가기를 원하신다. 集

5

푯대를 향하여

가장 고상한 지식

푯대를 향해 가는 삶은 그리스도의 의를 얻는 삶이다. ^{빌 3:8-11} 바울은 그리스도를 아는 것이 가장 고상한 지식이라고 했는데, 이런 지식을 얻는 것을 "그리스도를 얻는다", "그리스도 안에서 발견된다", "그리스도와 그 부활의 권능과 그 고난에 참여함을 안다"로 표현하고 있다.

여기서 "얻는다"는 의미는 상업적인 용어로서, 저울 한편에 부, 권력, 명예, 지위, 건강 등 세상의 온갖 좋은 것을 올려놓고 반대 편에 오직 예수 그리스도를 올려놓는다면 세상의 그 모든 것보다 그리스도가 더욱 값지다는 의미다. 역설적으로 들릴지 모르지만 세상과 모든 것을 잃고 그리스도를 얻는 것이야말로 가장 최고의 상이다. 사람들은 몰라줘도 하나님은 아시기 때문이다.

고대 경기에서는 매 경기가 끝나면 수상자를 발표할 때 그의 부친의 이름과 그의 나라를 함께 말했다. 그리고 이때 우승자는 높은 단상으로 올라가 월계관을 상으로 받았다. 바울이 말하는 부르심은 바로 이것이다. 인생의 경기가 끝나면 하나님이 그리스도 예수 안에서 상을 주시기 위해 우리를 부르실 것인데, 바울은 이것을 염두에 두고 일생을 달린다고 하는 것이다.

위대한 스승 밑에서 훈련받는 젊은 바이올리니스트가 첫 번째 연주회를 열었다. 한 곡 한 곡을 연주할 때마다 우레와 같은 박수를 받았지만 그는 뭔가 만족스럽지 않았다. 마지막 곡을 연주한 뒤에는 더욱 우렁찬 격려의 박수와 탄성이 쏟아졌는데, 그는 긴장한 모습으로 발코니에 있는 노인을 쳐다볼 뿐이었다. 드디어 그 노인의 얼굴에 미소가 흐르기 시작했다. 잘했다고 고개를 끄떡이기도 했다. 그제서야 젊은이는 긴장을 풀고 활짝 웃음을 터뜨렸다. 스승의 인정을 받기 전까지 관중의 찬탄은 그에게 무의미한 것이었다.《생명의 삶》에서 재인용 이와 같이 그리스도인도 최후 심판 때에 주님이 주시는 상을 받기까지는 세상 사람의 그 어떤 칭찬도 무의미하다. 모든 그리스도인이 바울처럼 하늘의 상을 소망하며 푯대를 향해 달려가기를 바란다.

어느 장군은 중장의 자리에 올라 별 셋을 달고 난 뒤 군인 교회의 여러 사병 앞에서 이렇게 고백했다.

"한쪽에 계급장을 비롯한 모든 인간적인 조건들을 놓고 다른 한쪽에 그리스도를 놓은 다음 저에게 한쪽을 선택하라고 한다면 저는 그리스도를 선택하겠습니다."

이것이 진정 푯대를 향한 삶이다. 피터 볼 주교는 "오늘날 많은 교회가 교인에게 희생하라는 호소는 하지 않고 피상적인 성경 공부, 아늑한 기도, 교회 일에만 참가하도록 호소하고 있다. 이 때문에 삶의 변화가 없는 것이다"라고 말했다. 그렇다. 바울처럼 부활의 능력을 체험하기 위해 그리스도의 고난에 동참하는 것이 현대의 '죽어 가는 기독교'가 회복하는 비결이다.

비교하지 않는 삶

푯대를 향해 흔들림 없이 나아가려면 무엇보다 옆 사람과 비교하지 말아야 한다. 비교하면 비판하게 되고, 비난하게 되며 결국 비참해진다.

바울이 로마에 갔을 때 그곳에는 바울에게 우호적인 사역자들만 있었던 것이 아니다. 로마가 자신들의 영역이며 바울이 로마에 옴으로써 자신들의 영역이 침범당했다고 생각하는 사람들이 있었다. 원래 바울은 다른 사람이 터를 닦은 곳에는 집을 짓지 않는다는 선교 원칙이 있었다. 그런데 로마에 유대인들이 다 추방되고 이방인들만 남게 되자, 이들을 위해 복음을 전하는 것은 옳다고 생각해 〈로마서〉도 보내게 된 것이다.

바울이 로마에서 적극적인 사역을 펼치지는 않았다. 그럼에도 불구하고 그의 명성과 능력 있는 설교는 로마 교회에 큰 영향을 미쳤다. 이런 점이 열등감과 교만으로 가득 차, 비교가 습관화되어 있던 사람들에게 거슬렸던 모양이다. 그럴 즈음 그가 갑자기 시위대 안에 있는 교도소로 이송되는 것을 보고, 이때야말로 자신들의 영향력을 확대시킬 기회라는 생각에 투기와 분쟁으로 복음을 전하는 자들이 있었던 것 같다.

비교는 우리의 눈을 이토록 어둡게 하며 코람데오, 우리는 언제나 하나님 앞에 서있다는 사실을 까마득히 잊게 한다. 창조 직후 우리에게 다가온 유혹은 비교의 유혹이었다. 뱀은 하나님과 인간을 비교하며 하와에게 선악과를 먹으면 "하나님처럼" 될 것이라고 유혹의 미끼를 던진 것이다.

잘못된 일을 두고 경쟁하는 것은 아무 의미가 없다. 그저 묵묵히 주어진 일에 충성하다 보면 하나님이 명하신 일을 이루고 있는 자신의 모습을 발견하게 될 것이다. 푯대를 향하여 가고 있는가? 중요한 것은 방향, 즉 푯대에 도착하는 것이지 누가 빨리 도착하는가가 아니다. 비교하지 않으면 행복해진다. 오히려 우리가 비교하고 미워하는 사람들로 인해 감사하는 마음이 생긴다.

비둘기처럼 순결하고 뱀처럼 지혜롭게

다른 가치관을 가진 사람들과 정면으로 부딪히면 다치고 상처 받기 쉽다. 그렇다고 무조건 피하라는 말이 아니다. 맞부딪혀 싸 워야 할 때는 반드시 싸워 이겨라. 그러나 이때도 지혜롭게 행동 해야 한다. 예수님은 우리에게 비둘기처럼 순결하고 뱀처럼 지 혜로우라고 하셨지, 비둘기처럼 멍청하고 뱀처럼 교활하라고 명령하지 않으셨다. 세상과 무모하게 정면 승부하는 것은 비둘 기처럼 멍청한 짓이다.

무모한 도전에는 고통이 뒤따른다. 순교와 쓸데없는 고통을 구분하는 지혜를 발휘하라. 가장 어리석은 것은 겪지 않아도 될 고통을 경험하는 것이다.

나는 서른이라는 늦은 나이에 군대에 갔다. 신학 대학원을 졸 업하고 입대한 터라 사역 경험이 많았던 나는 상병이 되자 사단 사령부 교회에 군종병으로 차출되었다. 청년 사역을 오래했던 터라 모든 병사가 사역의 대상으로 보였기에 마음을 다해 진심 으로 한 명 한 명을 섬겼다. 그 결과 군대 교회였음에도 불구하고 군인 가족 중심으로 청년부가 부흥했다. 나는 권위를 따르는 것 이 지혜로운 행동이라고 생각해 내가 진행하는 사역이 아무리 부흥해도, 군종 목사가 하지 말라면 안했다. 만약 내가 그의 말에 순종하지 않고 그와 정면 승부했다면 어떻게 되었을까? 내 사역 이 옳다고 논리적으로 맞서 싸웠더라면 아마 나는 오늘 여기 있지 못했을 것이다. "설교는 논리적으로 하되, 대화는 논리적으로 하지 마십시오"라는 멘토 목사님의 귀한 가르침을 평소 마음에 새기고 있었다.

원망하거나 경쟁하는 대신 그리스도 안에서 모든 것을 감당할 수 있다는 생각으로 꾸준히 하루를 대하라. 그렇지 않으면 시간이 갈수록 상처만 커진다. 맡겨진 일, 해야 할 일에 대한 흥미가 없어지고 꿈을 이루겠다는 생각에서 점점 멀어진다. 절대 포기하지도, 물러서지도 마라. 하나님이 당신과 함께하실 것이다.

낙심하지 마라

푯대를 향해 나아가는 사람은 절대 포기하지 않고 물러서지 않는다. 포기한다는 것은 목표가 그만큼 절실하지 않다는 의미다. 영국 총리를 지낸 윈스턴 처칠도 어느 대학의 졸업식 강연에서 "절대 포기하지 마라. 절대, 절대로!"라고 했다.

토끼와 거북이 우화에서 거북이가 경주에서 이길 수 있었던 이유는 토끼가 낮잠을 잤기 때문이다. 그런데 요즘 토끼는 절대 낮잠을 자지 않는다. 오히려 더 열심히 연습한다. 거북이가 빠르고 성실한 토끼를 이길 확률은 제로다. 그래서 많은 거북이가 실망하고 포기한다. 그러나 100년이 지나면 거북이가 이기게 되어 있다. 토끼보다 거북이가 오래 살기 때문이다. 결국 승리의 비결은 포기하지 않는 끈기인 것이다.

아드 폰테스적인 발상은 포기하거나 물러서는 대신 생각을 바꾸는 것이다. 토끼와 거북이가 육지에서 경주하는 한 거북이는 죽었다 깨어나도 토끼를 이기지 못한다. 하지만 경기장을 거북이에게 익숙한 바다로 바꾼다면 어떤 결과가 나올까? 이렇게 관점을 조금만 바꾸면 새로운 길이 보인다.

혹시 여러분 인생에 토끼 같은 천재가 나타나면 그 천재들과 절대로 정면 승부하지 말고 보내 주는 게 좋다. 그러면 상처 입을 필요가 없다. 천재를 먼저 보내 놓고 10년이든 20년이든 꾸준히 하면 나도 할 수 있다는 생각으로 하루하루 걸어가다 보면 어느 날 멈춰 버린 그 천재를 추월하는 자신을 보게 될 것이다. 이것은 우리의 신앙생활에서도 마찬가지다. 푯대를 향해 나아가는 삶은 긴긴 세월을 투자하는 장거리 승부지, 절대 단거리 승부가 아니다. 이현세, 〈천재와 싸워 이기는 법〉, 김광수경제연구소포럼 사이트에서 재인용

우리가 선을 행하되 낙심하지 말지니 포기하지 아니하면 때가 이르매 거두리라 _갈 6:9

부르심을 좇는 삶에 닥치는 어려움을 당연하게 여기라. 오히려 위로로 삼으라. 그것은 하나님이 원하시는 삶을 산다는 증거다. 진정한 복음은 세상 문화와 갈등을 일으키게 되어 있다. 〈사도행전〉 16장 16-19절에 나오듯 바울이 빌립보에서 복음을 전

하자 이 복음이 헬라 문화와 갈등을 일으킨다. 그래서 바울은 함께 간 실라와 "로마법과 로마의 풍습에 어긋나는 가르침을 전한다"는 이유로 기소를 당하고 옥에 갇힌다. 하지만 이 일은 빌립보 간수와 그의 가족에게 복음을 전하는 선한 역사로 이어졌다.

삶을 단순화하라

핵심 가치가 분명하면 삶이 단순해진다. 부르심에 집중하게 될 때 인생이 단순해진다. 우리가 무엇을 해야 하고 무엇을 하지 말아야 할지가 명확해지기 때문이다. 핵심 가치는 우리에게 꼭 필요한 행동과 그렇지 않은 것들을 평가하는 기준이 된다. 즉 우선순위를 분명하게 해주고, 우선순위가 분명하면 삶이 단순해진다.

본질로 돌아가는 아드 폰테스적인 삶을 추구하는 그리스도인들과 나누고 싶은 글이 하나 있다. 아주 오래전 박사 논문을 쓰다가 몇 번이고 때려치우고 싶은 생각이 들던 차에 읽은 그 글은 《공포의 외인구단》으로 유명한 이현세 화백이 쓴 것이다. 그 글은 마음을 다잡고 다시 책상에 앉아 포기하지 않고 끝까지 최선을 다하고 싶게 만들어 주었다. 어렸을 적 좋아했던 이현세 작가는 핵심 가치에 집중하며 살았기에 꿈을 이룰 수 있었다. 아래 글은 그가 삶을 대하는 자세를 잘 보여 준다.

살다 보면 꼭 한번은 천재를 만나기 마련이다. 대다수는 천재와 경쟁하다가 상처투성이가 되든지, 아니면 자신의 길을 포기한다. 그러고는 평생 주눅 들어 살든지, 아니면 자신의 취미나 재능과는 상관없는 직업을 가지고 평생 못 가본 길을 동경하며 산다. 이처럼 자신의 분야에서 추월할 수 없는 천재를 만난다는 것은 끔찍하고 잔인한 일이다.

어릴 때 동네에서 그림 신동으로 불리고, 학교에서 만화에 대한 재능을 인정받아 만화계에 입문한 뒤 동료들을 만났을 때, 내 재능은 그리 대단하지 않으며 그들과 도토리 키 재기라는 사실을 알았다. 그러나 그중 한두 명은 천재 같았다. 나는 불면증에 시달릴 정도로 매일매일 날밤을 새우다시피 하며 그림을 그렸다. 내 작업실은 이층 다락방이었고 매일 두부장수 아저씨의 종소리가 들리면 남들이 잠자는 시간만큼 더 살았다는 만족감으로 쌓인 원고지를 안고 잠들곤 했다. 그러나 그 천재 같은 친구는 한 달 내내 술만 마시다가도 며칠 휘갈겨서 가져오는 원고로 내 원고를 휴지로 만들어 버렸다.

타고난 재능을 원망도 해보고 이를 악물고 그 친구와 경쟁도 해봤지만 시간이 갈수록 내 상처만 커져 갔다. 만화에 대한 흥미가 없어지고 작가가 되겠다는 생각은 점점 멀어졌다. 시간이 흘러 주눅 들고 상처 입은 마음으로 현실과 타협해서 사회로 나가야 할 시간이 왔다. 그러나 나는 이미 만화에 미쳐 있었다.

새 학기가 열리면 이 천재들과 싸워서 이기는 방법을 학생들에게 꼭 강의한다. 그것은 천재들과 절대로 정면 승부하지 말라는 것이다. 천재를 만나면 먼저 보내 주는 것이 상책이다. 그러면 상처 입을 필요가 없다. 작가의 길은 장거리 마라톤이지 단거리 승부가 아니다. 천재들은 늘 앞서가기 마련이고, 먼저 가서 뒤돌아보면 세상살이가 시시한 법이고, 그러다 어느 날 신의 벽을 만나 버린다.

인간이 절대 넘을 수 없는 신의 벽을 만나면 천재는 좌절하고 방황하다 스스로를 파괴한다. 그리고 종내는 할 일을 잃고 멈춰 버린다. 그러므로 천재를 먼저 보내 놓고 10년이든 20년이든 나도 할 수 있다는 생각으로 하루하루 꾸준히 걷다 보면 어느 날 멈춰 버린 그 천재를 추월하는 자신을 보게 된다.

평생을 작가로서 생활하려면 지치지 않는 집중력과 지구력보다 더 중요한 것은 없다. 가끔 지구력 있는 천재도 있다. 그런 천재는 존재하는 것만으로도 축복이고 보는 것만으로도 감사하다. 그들은 많은 즐거움과 혜택을 우리에게 주고 우리들의 갈 길을 제시해 준다. 나는 그런 천재들과 동시대를 산다는 것만으로도 가슴 벅차게 행복하다.

나 같은 사람은 그저 잠들기 전에 한 장의 그림만 더 그리면 된다. 해 지기 전에 딱 한 걸음만 더 걷다 보면 어느 날 내 자신이 바라던 모습과 만나게 될 것이다. 그것이 정상이든, 산중턱이든 내가 원하는 것은 내가 바라던 만큼만 있으면 되는 것이다.

_이현세, 《인생이란 나를 믿고 가는 것이다》

하나님이 포기하시지 않는데 우리가 포기하는 것은 불신이다. 부르심을 좇는 삶에는 분명 많은 장애가 있다. 그러나 포기하거나 낙심할 필요가 없다. 우리 예수님이 대장 되시기 때문이다.

오늘도 해 지기 전에 딱 한걸음만 더 가는 심정으로 천국을 소망하며 위엣 것을 바라보며 푯대를 향해 나아가는 그리스도인으로 살기를 도전한다.

#6
하나님과
씨름하는 삶

고향으로 돌아가는 야곱

오랜 시간을 타향에서 방랑하던 야곱이 고향으로 돌아가는 장면을 상상해 보자. 야곱은 기쁘면서도 마음이 편치 않았다. 형에서 때문이다. 에서는 동생이 돌아온다는 소식을 접한 뒤 400명의 부하를 거느리고 다가왔다. 그 이야기를 접한 야곱은 에서가 자신을 공격하려 한다고 오해했다. 라반을 떠날 때 자신과 가족을 안전하게 지키신 하나님에 대한 확신과 믿음은 오간데 없이 사라지고 현실 앞에서 좌절하고 만다.

눈에 보이지 않는 하나님을 직접적이고 인격적으로 경험하지 못한 사람은 결국 눈에 보이는 것을 두려워하기 마련이다. 야곱의 조부와 아버지는 하나님과 매우 가깝게 교제했지만 정작 야곱은 하나님과 그러한 긴밀한 교제가 없었다. 그래서 야곱은 자신을 통해 이스라엘을 번성하게 하시겠다는 하나님의 약속에도 염려하고 근심했다. 믿음이란 하나님을 경험하는 것이다. 머리로만 아는 것은 믿음이 아니다. 믿는 것과 아는 것이 하나가 되어야 믿음이 자란다. 미숙하면 흔들린다. 성경은 이를 두고 요동치는 믿음이라고 표현한다.

야곱에게는 믿음이 없었기에 하나님이 아무리 위로와 약속의 말씀을 하셔도 자꾸만 흔들렸다. 하나님의 군대보다 형이 이끄는 군사 400명이 더 마음을 무겁게 했다. 결국 그는 자기의 꾀를 의지하기 시작했다. 재산과 무리를 두 떼로 나누어 살아남을 작전을 세운 것이다. 그는 엄청난 양의 재물을 형에게 선물하는 세속적이고 인간적인 모습을 보인다. 하나님을 직접 만나고 씨름하고 경험하지 못한 믿음은 이렇게 우리 인생을 불안하게 만든다. 뇌물의 양은 불안함과 비례한다. 엄청나게 많은 짐승을 선물로 보냈다는 것은 야곱이 그만큼 불안했다는 증거다.

그런데 야곱은 한꺼번에 가축을 보내지 않고 다섯 무리로 나누어서 보낸다. 에서가 다섯 번에 걸쳐 선물을 받으면 마음이 쉽게 풀릴 거라고 생각했기 때문이다. 그러나 한편으로는 이렇게 해놓으면 만약 에서가 공격해 오더라도 얼마든지 도망할 수 있다는 계산에서 비롯된 작전일지도 모른다. 얼핏 보면 매우 지혜로운 행동 같다. 참 치밀하다고 생각할 수도 있다. 그러나 이것은 지혜가 아니다. 하나님을 아는 지식이 없는 치밀함은 어리석고 헛되다. 지혜는 믿음을 바탕으로 자신의 상식을 뛰어넘는 것이다. 믿음 없는 치밀함과 작전은 지혜가 아니라 꾀다. 한마디로 잔머리다. 잔머리를 굴리는 것과 지혜로움의 차이는 믿음의 유무다. 하나님이 주시는 생각이 진정한 지혜다.

하나님을 깊이 알지 못했던 야곱은 철저하게 계산적이고 용의주도했다. 화해를 청하고 용서받기를 원하여 많은 선물을 보내면서도 한편으로는 다른 계산을 하며 자기가 빠져나갈 곳을 마련한다. 그는 형의 보복을 몹시 두려워했다. 하나님을 깊이 알지 못하는 인생이란 불안하고 두려울 수밖에 없다. 대학을 졸업하고 좋은 직장에 들어가 돈을 많이 벌어 높은 지위를 얻고, 자기가 원하는 것을 가질수록 인간의 마음은 더욱 불안해지기 마련이다. 누군가 말했듯 인간은 길을 잃을수록 더욱 허둥대는 존재다.

고독한 중에 만나는 하나님

그렇다면 지혜는 어디에서 생길까. 지혜는 하나님과의 만남을 통해서 나온다. 그리스도인들이 지을 수 있는 죄 중 가장 큰 죄는 바로 하나님을 신뢰하지 않는 것이다. 존재를 믿는다는 것과 신뢰하는 것은 별개의 문제다. 하나님을 믿으면서도 얼마든지 하나님을 신뢰하지 않을 수 있다. 지혜는 하나님을 신뢰하는 것이다. 그분과 만나지 않고는 지혜가 생길 수 없으며 신뢰도 없다. 사실 만남이 없다면 믿음도 없다. 죄의 뿌리에는 언제나 교만과 불순종이 있다. 교만과 불순종은 하나님을 제대로 만나지도 않았으면서 그분을 '안다'고 착각하는 데서 비롯된다.

위기 앞에서 인간적으로 철저하게 방어하고 대처하면 할수록 더욱 불안해진다. 행복을 얻고자 하면 할수록 행복은 어느 곳에도 없어 보인다. 불안을 제거해 보려고 이 방법 저 방법 다 시도해도 더욱 불안해진다. 결국 하나님을 떠나서는 행복을 가질 수도, 누릴 수도 없다. 믿음은 인간적으로 치밀하게 세우는 계획이 아니라, 미지를 향한 담대한 모험이다. 하나님을 진정으로 아는 지식이 없으면 이러한 담대한 믿음을 가질 수 없다. 이러한 지식은 하나님을 경험함으로써 터득할 수 있다.

사람들은 불안하면 불안할수록 홀로 있기를 싫어한다. 자신의 행복을 위해서 다른 사람을 수단으로 이용하는 것이 인간이다. 그러나 그렇게 할수록 점점 더 불안해질 뿐이다. 어떤 사람은 자기가 불안하니까 늘 친구나 가족과 같이 다녀야 안심한다. 조폭들이 늘 몰려다니는 이유는 의리가 아니라 언제 어디서 공격당할지 모른다는 두려움 때문이다. 그러나 주변에 사람이 많을수록 고독은 더 깊어진다.

참 그리스도인은 홀로 남겨지는 것을 오히려 축복으로 여긴다. 야곱은 홀로 남겨졌을 때 하나님을 만났다. 절망과 자포자기와 고독의 끝에서 하나님이 우리를 만나 주신다. 야곱은 자신이 의지했던 재물과 아이와 아내까지 모두 떠나보냈다. 그리고 홀로 남는다. 자신이 의지했던 사람, 재물을 모두 뒤로한 채 홀로 남겨졌을 때 비로소 하나님과 깊이 만나는 것이다.

누구나 자기가 결국 혼자라는 사실을 깨닫고 나면 절망한다. 그러나 고독의 순간이 없으면 하나님과 진정으로 만날 수 없다. 하나님과 일대일로 대면하는 사람만이 믿음이라는 커다란 선물을 받는다.

혼자 있을 수 없는 사람은 함께할 수도 없다. 아드 폰테스는 철저하게 홀로 있음으로부터 시작된다. 홀로 있는 순간 야곱은 하나님을 만난다. 자신의 할아버지가 믿음의 조상 아브라함이고 아버지가 이삭임에도 불구하고 처음으로 정직하게 하나님을 만나는 것이다.

히브리어로 안다는 뜻의 '야다'라는 단어는 부부 관계를 의미할 정도로 깊은 이해를 말한다. 그러한 친밀함은 지속적이고 깊은 만남을 통해 이루어진다. 하나님을 경험으로 아는 지식, 야다의 관계는 예배를 통해 이루어진다. 아드 폰테스는 삶의 지성소에서 하나님을 깊이, 정직하게 만나는 일이다.

완벽한 패배가 주는 은혜

평소에는 하나님을 의지하며 믿음으로 상황에 대처하는 듯하다가도 다급한 상황에 처하면 자신의 상식과 이성으로 돌아가, 눈에 보이는 세상과 사람들을 의지하는 사람이 많다.

그런데 사실 절망은 하나님을 찾는 시작이다. 역설적이지만 분명 역경이 주는 은총이 있다. 역경을 하나님이 주시는 은총의 수단으로 보는 것이 믿음이다. 믿음은 같은 상황을 다르게 보는 눈이다. 세계관이 바뀌는 것, 우리의 생각이 바뀌고 일의 우선순위가 바뀌고, 주어가 바뀌는 것. 즉 변화가 믿음이다. 생각이 변화하는 지점에서 지혜가 생기는 것이다. 그래서 지혜를 깨달음이라고 부른다.

성경 속 인물들의 인생을 묵상할 때 우리가 배워야 할 점은 그들의 지혜와 수단이 아니다. 그와 같은 사람을 쓰시는 하나님을 만나는 것이 중요하다. 야곱의 인내와 지혜가 핵심이 아니라 야곱처럼 쓰레기 같은 인생도 사용하시는 하나님을 알아가는 것이 성경의 주제다.

흔히 〈욥기〉의 주제가 욥의 인내라고 가르치는 사람들이 많은데, 〈욥기〉의 주제는 인간을 향한 하나님의 열심이며 하나님의 인내다. 성경의 수많은 가르침 중 가장 중요한 것은 하나님을 만나고 경험하는 것이다.

야곱도 하나님을 만나기 전까지는 자신이 원하는 모든 것을 자신의 힘으로 쟁취했다. 아드 폰테스, 즉 하나님을 만나기 전까지 야곱의 인생 목적은 한평생 복을 쟁취하는 것이었다. 그러나 그 복은 하나님의 은혜로 얻은 게 아니다. 그는 하나님의 은혜가 아닌 자기의 노력과 방법으로 남의 것을 훔쳐서 살려고 했던 사람이다. 하나님의 이름은 그저 자신의 행동을 합리화하기 위한 도구일 뿐이었다. 그런 삶의 태도 때문에 그의 삶은 평온하지가 않았다.

복의 근원이신 하나님

천국은 침노하는 자의 것이라는 말씀을 아무데나 적용함으로써 우리는 잘못된 축복의 개념을 가지고 살아간다. 스스로의 열심과 정성만큼 복을 받는다는 성취 지향적이고 인과응보적인 신앙은 한국 교회가 빠져 있는 심각한 오류 중 하나다. 복은 결코 우리가 만들어 낼 수 없다. 복의 근원은 하나님이다. 그런데도 우리는 강한 믿음, 큰 믿음이라는 명목으로 복을 얻어 내려고만 한다. 하나님의 복은 우리의 열심과 전혀 상관없는데 말이다.

〈출애굽기〉를 보면 우리가 복을 얼마나 잘못 이해하고 있는지를 알 수 있다. 애굽에서 종살이하던 이스라엘 백성을 하나님이 불러내실 때, 하나님은 젖과 꿀이 흐르는 축복의 땅 가나안을 주겠다고 약속하셨다. 그런데 우리의 상식으로 보면 가나안이 복된 땅이었는가, 애굽이 복된 땅인가?

애굽은 나일 강이 있어 이모작도 가능하다. 한마디로 일한 만큼 벌 수 있는 곳이다. 몸은 고되어도 열심히 일하면 그만큼 재물을 모을 수 있다. 내가 땀 흘린 만큼 복이 쌓인다. 한 시간을 일하면 10만 원, 두 시간을 일하면 20만 원을 벌 수 있다고 가정하자. 200만 원을 벌려면 스무 시간을 일하면 된다. 그런 곳이 애굽이었다. 우리의 상식으로는 수고한 만큼 보상을 받는 애굽은 기회의 땅이며, 복된 땅이다. 그런데 하나님은 그곳에서의 삶을 노예의 삶이라고 하신다.

반면 가나안을 생각해 보라. 가나안까지 가는 길은 사막과 척박한 광야뿐이다. 젖과 꿀이 흘러야 하는 땅에 물이 없다. 완전히 속은 것 같았을 것이다. 열심히 씨를 뿌리고 난 뒤에는 하늘을 봐야 한다. 하나님이 비를 주셔야만 농사를 지을 수 있는 것이다. 그런데 성경은 그곳을 복된 땅이라고 한다. 이제 감이 잡히는가? 복은 우리 힘으로 버는 것이 아니라 하나님께 받는 것이다. 우리의 노력을 의지하는 곳은 저주받은 땅이며 그런 삶을 노예의 삶이라 부르고, 하나님만 의지해야 하는 삶을 자녀의 삶이며 복이라고 여기는 것이다.

은혜는 성취가 아닌 선물이다

야곱은 밤새도록 싸우며 점점 이겨 나갑니다. 이 싸움은 자신의 인생과 같습니다. 자신이 원한 것은 어떻게든 얻어 내는 야곱이 이번에도 낯선 사람을 압도하여 승리를 거둡니다. 다른 사람이 볼 때도 그렇거니와 스스로도 이번 싸움 역시 자신의 완벽한 승리라고 확신합니다.

그런데 바로 그 순간 낯선 사람에 의해 환도뼈가 탈골되는 치명적인 일격을 당합니다. 어떻게 보면 야곱은 일생 처음 정직한 싸움을 하고 있습니다. 그런데 그 낯선 사람이 예상치 못하게 싸움의 마지막 순간 치사하고 간교하게 야곱의 급소를 내리친 것입니다. 야곱은 곧 그 자리에 쓰러집니다. 한평생 온갖 간교와 속임수로 살아왔던 그가 자기 꾀에 넘어간 것입니다. 그리고 낯선 사람에게 매달려 간절하게 복을 구걸합니다. 진정한 복을 깨달은 야곱은 자신의 간교함이나 의지로 소유하게 되는 복이 아니라 오직 선물로서만 주어지는 복을 간구하는 것입니다. 그는 지금까지 한 번도 복을 구걸해 본 적이 없습니다. 복은 빼앗고 쟁취하는 것이라고 생각했지 선물로 주어지는 것이라고는 생각해 본 적이 없던 야곱이었습니다. _프레드릭 뷰크너,《하나님을 향한 여정》

류호준 박사는 야곱의 상황을 "낯선 사람에게 일격을 당해 쓰

러지는 순간, 그는 비로소 자신이 완벽하게 패했음을 알게 된다"
고 이야기했다. 하나님께 완벽하게 패배당하라. 그때 놀라운 축
복을 경험하게 될 것이다. 누군가 그랬다. 항복하면 행복해진다
고. 완벽한 승리를 경험한 자만이 완벽한 패배가 무엇인지를 알
게 된다. 그런 뒤 주어지는 것이 은혜라는 사실을 온몸으로 깨닫
게 되는 것이다. 은혜는 성취가 아닌 선물이다. "치열한 경쟁이
만연한 적자생존의 세상에서 2등은 없다"는 식의 논리는 기독
교가 표방하는 진리가 아니다. 그런 세상에서 은혜는 매우 쉽게
사라진다. 현대 교회에 은혜가 사라진 이유는 세상이 말하는 성
취 중심적 세계관이 은혜의 자리를 대신하기 때문이다.

　하나님께 당하는 완벽한 패배야말로 은혜의 시작이다. 뷰크
너는 이를 가리켜 "장엄한 패배"라고 했다. 류호준 박사는 야곱
의 패배가 위대한 패배인 이유는 "야곱이 씨름에서 패함으로써
새로운 이름, 즉 새로운 정체성을 얻었기 때문"이라고 봤다. 게
다가 절뚝거림마저 부끄러움이 아닌 평생 지니고 사는 하나님
의 흔적이 되기 때문에 그 패배는 위대한 것이라고 했다. 정말이
지 하나님이 주신 은혜의 흔적을 갖게 되는 패배야말로 위대한
패배다. 복이라는 것은 하나님을 붙들고 통곡하고 간구하면 자
격 없는 사람에게도 주어지는 선물이다.

끝까지 매달리기

하나님을 만나게 되면 새로운 힘과 새로운 약함이 공존하는 새로운 삶을 살게 된다. 하나님을 만나고 은혜를 체험하는 순간, 야곱은 형으로부터 용서를, 하나님으로부터 복을 얻는다. 기억하라! 하나님에게 장엄한 패배를 당한 뒤 우리에게 남는 절뚝거림이 은혜의 표징이라는 사실을.

뷰크너는 그의 설교 〈위대한 패배〉에서 이렇게 말한다.

동터 오는 새벽길을 절름거리면서 걷는 야곱(이스라엘)의 모습 속에서 나사렛 예수의 모습을 기억할 수 있어야 합니다. 무덤에서 나와 상한 다리로 절름거리며 부활을 향해 걸어가는 나사렛 예수를 기억하십시오. 그의 몸에 승리 자체인 패배의 자랑스러운 훈장을 갖고 있는 나사렛 예수를 기억하십시오. 하나님의 손에 의한 인간 영혼의 장엄한 패배를 그의 몸 안에 가장 자랑스러운 기장記章을 달고 있는 저 나사렛 예수를 기억하십시오.

_ 프레드릭 뷰크너, 〈위대한 패배〉(류호준, 《야곱의 피치 못할 두 가지 만남》에서 재인용)

본질로 돌아간다는 것은 중요한 것을 잊지 않고 기억하는 것이다. 진정한 복을 받기 위해서는 새로운 이름, 즉 새로운 정체성을 가져야 한다. 본질을 회복한다는 것은 옛사람으로 돌아가는 것이 아니라 새로운 사람으로 태어나는 것이다. 그런 면에서 아드 폰테스는 거듭남이다. 성경은 그것을 위로부터 나는 것이라고 말한다. 본질로 돌아가는 여정은 우리의 정체성을 돌아보게 한다. 그리고 이름을 바꿔 준다.

지금껏 야곱은 자신의 이름이 의미하듯 '협잡꾼, 술수를 부리는 자, 움켜잡는 자'로 살아왔다. 하지만 약속의 땅에 들어가기 전에 새 이름으로 개명해야 한다. 하나님은 야곱의 이름을 이스라엘로 바꿔 주셨다. 새로운 이름에 대한 해석은 다양하다. 이스라엘에는 '하나님이 다스리시다, 하나님이 이겨 내다, 하나님께서 끝까지 견디어 내다, 하나님이 다투시다'라는 여러 가지 의미가 있다. 그런데 성경은 이스라엘이라는 이름을 주신 이유를 다음과 같이 독특하게 설명한다. "네가 하나님과 사람들에게 끝까지 달라붙어 다투어 이겼기 때문이다"라고. ^{창 32:28}

이스라엘이라는 이름이 중요한 이유는 그가 하나님을 이겼기 때문이 아니다. 그가 하나님께 끝까지 매달렸기 때문이다. 지금까지 야곱의 본질적인 문제는 하나님과의 씨름을 통한 변화가 없었다는 사실이다. 그런데 이제 그는 하나님과 떼려야 뗄 수 없는 사이가 되었다. 야곱은 하나님과 씨름하며 사는 새로운 존재가 된 것이다. 이것이 은혜요 진정한 축복이다. 패배자가 누리는 엄청난 은총. 이것이 하나님의 축복이다. 졌기 때문에 누리는 복이 하나님의 은총이다.

그리스도인은 두려움과 위기 속에서도 겁낼 필요가 없다. 이때가 하나님을 만나고 새롭게 되는 기회이기 때문이다. 결국 아드폰테스란 내 생각과 고집을 버리고 하나님께 진정으로 패배하는 것이다. 그렇게 하나님께 흔들렸을 때 은혜가 임하고 그분과 깊은 신뢰를 쌓을 수 있다. 본질을 찾았다면 꽉 붙잡는 게 상책이다. 하나님께 끝까지 달라붙어 씨름하는 사람이 되어라. 그것이 믿음이다. 그것이 세상을 흔들 힘이다. 樂

Part 3
흔들어라,
교회

#1
교회의 본질

교회는 교회고 사업은 사업이다?

교회는 영적인 공동체인데 왜 세상에서 욕을 먹을까? 교회는 교회의 주인이신 하나님께 인정받는 것도 중요하지만, 동시에 세상으로부터 칭찬받아야 한다. 아니, 칭찬받는 일은 둘째 치고 손가락질은 받지 말아야 한다.

　미국에서 지낼 때 한인 교회와 미국 교회가 함께 사역하는 교회에서 인턴을 한 적이 있는데, 한번은 교회 보수 공사를 해야 했다. 그때 내가 한국 사람들이 손재주가 좋다고 우겨서 한인 시공회사를 소개했다. 그 시공회사 대표는 미국 회중 담임 목사에게 자신도 기독교인이고 교회의 장로라며 반갑게 인사를 건넸다.

그러고 자기 교회 공사처럼 최선을 다하겠다고 했다. 그런데 공사를 다 마친 뒤 공사 대금을 교회 이름의 수표로 지급했더니 난색을 표하며, 현금으로 결재해 달라는 게 아닌가. 의아한 담임 목사가 교회의 모든 재정은 수표로 결재하게 되어 있다며, 현금이 필요하면 은행에 가서 바꾸면 되지 않느냐고 반문했다. 그랬더니 회사 대표가 "현금으로 받아야 세금 보고를 하지 않아도 문제가 안 된다"라고 답했다. 그래서 담임 목사가 그리스도인 사업가라면 당연히 정직하게 세금 보고를 해야 한다며 조용하게 타일렀다. 그랬더니 정색하며 "교회는 교회고 사업은 사업이다"라고 말하고는 내 목사도 아닌데 가르치려 들지 말라며 수표를 받아들고 떠났다.

미국인 회중 담임 목사가 내게 물었다. "매일 새벽기도를 드릴 정도로 열심인 신앙인들이 세상 속에서는 왜 성경의 가르침과 전혀 다르게 사는 걸까요?" 그의 말이 구구절절 옳아 변변한 대답을 하지 못한 채 얼버무리고 말았다. 그 일을 통해 신앙과 삶이 분리된 그리스도인이 많음을 새삼 실감했다.

교육, 사귐, 선교

교회는 존재의 원래 목적으로 돌아가야 한다. 교회의 궁극적인 존재 목적은 무엇일까? 교회가 성도를 위해 존재하는 것일까, 성도가 교회를 위해 존재하는 것일까? 둘 다 아니다. 교회의 존재 목적은 오직 하나님의 영광을 위해서다. 세상과 구별되고, 세상을 변화시키는 것이 교회의 목적이다.

성경에서 말하는 교회의 본질을 가장 잘 설명하는 단어는 '교육, 사귐, 선교'일 것이다. 나는 〈사도행전〉 2장에 나타난 교회의 본질을 敎會배움의 공동체 交會사귐의 공동체, 그리고 橋會세상과 다리가 되는 공동체라고 생각한다. 건강한 교회, 신령한 교회, 성장하는 교회, 사역하는 교회의 존재 목적은 세상을 바꾸는 것이다. 바로 그것이 선교다. 교육과 봉사는 선교를 위해 있는 것이다. 교회는 성도의 안위만을 위해 존재하는 것이 아니다.

《열방을 향해 가라》는 책에서 존 파이퍼 목사는 교회는 선교가 아니라 예배를 위해 존재한다고 했다. 선교는 예배가 없는 곳에 예배가 있게 하기 위한 것이다. 그러므로 선교는 예배와 직결되어 있다. 예배는 선교의 시작이며 끝이다. 그러므로 아드 폰테스적인 회복은 예배의 회복과 밀접한 관계가 있다.

교회는 유기적인 공동체로서 생명력이 있어야 한다. 살아 있는 공동체이기 때문에 건강해야 한다. 건강한 교회는 신령한 예배가 있는 교회다. 생명력 있는 예배가 살아날 때 교회는 성장하고 역동적인 선교가 가능해진다. 그리고 그 선교를 효과적으로 감당하기 위해 섬김의 혁명이 있는 교회가 건강한 교회다.

건강한 교회는 영향력이 있다. 건강한 교회가 세상에 영향력을 끼치지 않는다면 그것이 기적이다. 그런데 교회가 본질을 하나님의 말씀에서 찾지 않고, 세상의 요구와 성도들의 필요를 채우기에 급급하면 교회는 힘을 잃고 만다. 현대 교회가 끊임없이 쇠퇴하는 이유는 본질을 무시하기 때문이다.

착함이 힘이다

세상을 변화시키는 영향력 있는 교회의 성도들은 착하다. 예수 믿는 성도는 탁월함으로 세상을 변화시키는 것이 아니라 착한 성품을 가지고 세상을 변화시킨다. 그런데 예수를 믿는다면 착한 성품보다는 믿음 혹은 성령이 우선되어야 하는 것 아닌가? 그렇지 않다. 한국 교회의 문제는 성도가 하나님보다 더 거룩해 보이려고 한다는 데 있다. 하나님은 우리의 믿음을 보시지만, 세상은 우리의 착함을 본다. 겉으로 드러나는 성품을 보는 것이다.

'착하다'는 의미의 영어 'goodness'는 하나님의 성품이다. 이는 인간이 혼자 힘으로는 감히 흉내 낼 수 없는 하나님만의 고유한 성품이다. 성령이 함께하실 때에만 하나님의 자녀인 우리가 선한 하나님을 닮아 갈 수 있다. 그러기 위해서는 먼저 선의 주체이신 하나님이 하시는 일을 주의 깊게 살펴야 한다. 어떤 착한 일을 하든지 그것의 주체가 내가 된다면, 그것은 악한 것이다. 사실 선과 악의 구분은 행위가 아니라 주체의 문제이기도 하다.

우리는 얼마나 많이 하나님은 그저 돕는 분이고, 우리가 주체가 되어 우리 뜻대로 일을 진행하는가? 선의 기준은 하나님 자신이다. 우리의 기준으로 보면 아말렉 족속의 씨를 말려 버리시는 하나님이 선하시다는 사실이 도저히 믿어지지 않는다. 하나님이 금하신 선악과를 먹은 하와처럼 우리의 생각이 판단의 기준이 되는 것은 인본주의이며 그 자체가 악이다. 우리의 느낌이 어떠하든 하나님이 주어가 되는 것이 신본주의이며 그분만이 절대 선이라는 사실을 간과하면 안 된다. 아드 폰테스는 관점을 바꾸는 돌이킴이다.

성령이 힘이다

세상을 변화시키는 능력은 우리의 노력이나 탁월함이 아니라 성령의 능력이다. 착함이라는 성품이 열매라면, 그 열매를 맺기 위해서는 '성령 충만함'이라는 양분이 필요하다. 성령 충만은 그리스도인의 기본 조건이다. 성령이 없었다면 우리는 예수님을 그리스도라 시인할 수조차 없었다.^{고전 12:3} 세상을 변화시키는 영향력 있는 삶을 원한다면 성령 충만해야 한다. 사람의 능력으로는 분명 한계가 있다.

성령 충만함이라는 양분은 예수 그리스도라는 포도나무에 가지로 붙어 있을 때만 공급받을 수 있다. "나무에 붙어 있는 가지는 농부의 손을 타지만, 땅에 떨어진 가지는 나무꾼의 손을 탄다"라는 말이 있다. 농부의 손길을 타려면 나무에 꼭 붙어 있어야 한다. 인간은 유한한 존재지만, 성령 충만하면 성령의 능력이 함께하시므로 사람의 능력을 초월하는 힘이 나타난다.

사복음서에 나오는 제자들은 하나같이 연약했다. 아무리 마음을 굳게 먹어도 문제를 만나면 연약한 사람으로 변했다. 베드로는 주님에게 "주여 내가 주와 함께 옥에도, 죽는 데에도 가기를 각오하였나이다"눅 22:33라고 고백한 바로 그 밤에 계집종 앞에서 "내가 그를 알지 못하노라"눅 22:57라고 세 번씩이나 예수님을 부인했다. 그러나 오순절 날 성령 충만을 받고는 베드로를 포함한 제자들은 힘 있는 신앙인으로 바뀐다. 성령은 제자들을 기도에 힘이 있는 사람으로 만들어 주셨고행 3:1, 4:31, 10:9 능력 있는 전도자로 변화시키신다. 문제에 쫓기던 제자들이 문제를 해결하며 하나님의 능력을 나타내는 사람들이 되었던 것처럼, 성령 충만할 때 우리는 세상에 하나님을 드러내는 사람이 된다. 그리스도인답게 살지 못하게 핍박하며 위협하는 세상을 이기는 하나님의 능력이 나타나는 것이다.

그리스도 안에 거하는 교회

그리스도 안에 머물면 하늘에 있는 것이나 땅에 있는 것이 그리스도 안에서 통일되게 하시는 놀라운 하나님을 경험한다. 물줄기가 만나는 곳이 어디냐에 따라 인생이 평야가 되기도 하고 광야가 되기도 한다. 그리스도의 몸 된 교회야말로 형통한 인생을 설계하고, 연출하는 최고의 장소다.

진정한 형통은 힘을 모아 바르게 흐르도록 하는 곳에서 이루어진다. 하지만 형통을 이루는 것보다 더욱 힘든 것은 형통을 지키는 일이다. 형통의 결과로 하나님께로부터 더 멀어졌다면, 그것은 형통이 아니라 성공을 가장한 저주에 불과하다. 성공한 뒤에 하나님으로부터 더욱 독립된 존재가 되어 간다면 그것은 하나님이 원하시는 형통이 아니다. 진정한 형통은 더욱 하나님을 의지하게 한다.

건강한 교회는 말씀 묵상을 핵심 가치로 삼는다. 재정이 튼튼하고, 인원 동원력이 확실한 교회가 건강한 교회가 아니라, 말씀을 핵심으로 삼는 교회가 믿을 만한 교회다. 그런 교회는 믿고 헌신해도 좋다. 주변의 믿지 않는 사람들을 데리고 가도 좋다. 교회에 실망했다고 주저앉아 있는 사람에게 자신 있게 소개할 수 있는 좋은 교회가 더 많아져야 한다.

말씀 안에 있는 교회, 은혜 가운데 머무는 교회, 성령 충만한 교회야말로 그리스도 안에 있는 교회라는 사실을 잊지 말자. 그러한 교회가 세상을 변화시키며 하나님께 영광 돌리는 공동체가 될 것이다. 集

믿음은
교회의 뿌리

세상을 바꾸는 믿음

세상을 변화시키고, 교회를 교회답게 하는 것은 믿음이다. 착함이 하나님과 동행할 때 열리는 열매이고, 열매를 맺게 하는 것이 성령 충만이라는 양분이라면, 믿음은 교회의 뿌리다. 뿌리를 깊게 내린 나무가 흔들리지 않는다. 교회가 세상의 풍파 속에서 흔들리는 것은 뿌리가 깊지 않기 때문이다. 믿음의 뿌리는 말씀으로부터 비롯된다. 그래서 믿음은 들음에서 난다. 롬 10:17

그렇다면 세상을 바꾸는 믿음이란 무엇일까? 우리는 언제 우리의 믿음이 크다, 작다고 말할까? 어떤 믿음이 강한 믿음이며 어떤 믿음이 약한 믿음일까?

믿음은 세상을 바꾸는 것이 아니라 세상을 보는 우리의 눈을 바꾸는 것이다. 우리의 시각이 바뀌면 세상은 바뀌게 되어 있다. 태어나면서부터 예수님을 믿기는 했지만 믿음에 대한 개념이 희박한 성도를 보면 안타깝기도 하고 답답하기도 하다. 비록 조금 늦게 주님을 영접했지만 믿기 전과 믿은 후의 차이가 확연한 그리스도인이야말로 세상을 보는 시선을 바꾼 사람들이다. 그들은 믿음이 선물인 것을 누구보다 잘 안다. 그래서 말씀 한 구절을 읽어도 하나님을 온전히 신뢰하며 나아간다. 즉 믿음은 인격과 인격 사이에서 만들어진다. 기계와는 믿음이 성립될 수 없는 것처럼 믿음은 상대방을 기대하고 신뢰하는 것이다. 우리가 열심을 내어 하늘 보좌를 흔들 수 있는 근거가 바로 여기에 있다. 우리는 하나님을 감동시키고 내 요구를 들어 달라고도 할 수 있다. 하나님과 우리는 인격적인 관계이기에 이러한 강청 기도가 가능한 것이다. 그래서 믿음장이라고 불리는 〈히브리서〉 11장은 믿음에 대한 객관적 설명이 아니라, 고난 가운데 있는 성도가 감당해야 할 삶을 설명한다.

우리는 하나님이 말씀으로 천지를 창조하셨다는 사실을 믿는다. 그것이 믿음이다. 그런데 말씀으로 창조하셨다는 것을 믿는다는 것은 무슨 뜻인가? 그것은 아무것도 없는 데서 유를 만드신 능력의 하나님을 믿는 것이다. 하나님이 말씀으로 창조하셨다는 것은 하나님이 '인격적인 분'이라는 증거다. 믿음은 자동문 같은 것이 아니다. 단추를 눌러서 성령을 조작하려는 태도는 믿음이 아니다.

하나님과의 사귐

믿음은 바라는 것들의 실상이고 보지 못하는 것들의 증거라는 말씀은 자기가 소원하는 것에 대한 '자기 암시'가 아니다. '될 줄로 믿습니다'는 성경이 말하는 믿음이 아니다. 진짜 믿음은 하나님의 뜻과 의지에 내가 동의하는 것이다. 구원은 믿음으로 얻는다. 하나님은 예수 그리스도를 구원의 방편으로 던지신 뒤 인간이 믿는지 안 믿는지를 지켜보시지 않았다. 그렇게 생각하는 것은 믿음이 아니다. 하나님이 그분의 계획과 목적대로 우리를 이끄신다는 사실을 믿는 것이 믿음이다.

믿음의 결과는 무엇인가? 그것은 내가 믿은 대로 되는 것이 아니라, 하나님의 뜻이 우리에게 이루어지는 것이다. 그러므로 믿음의 모든 결과는 하나님에게서 찾을 수 있다. 신앙은 내가 원하는 결과를 얻게 하는 어떤 주문이나 마술이 아니다. 소위 '영발이 좋다'라는 말 또한 믿음에 대한 잘못된 표현이다. 믿음은 오로지 하나님에게서 나오며 하나님을 통해 모든 것을 보는 것이다. 하나님을 제쳐 둔 채 혼자 힘으로 노력하고 열정을 다한다면 결코 믿음이 아니다.

우리가 돌아가고자 하는 원초적 믿음, 아드 폰테스적인 믿음은 종교적인 주술 행위가 아니다. 성경에서 강조하는 믿음은 하나님은 모든 생명체에 개입하셔서 복을 주시고 의와 선을 이루시는 분이라는 사실을 믿는 것이다. 결과적으로 믿음은 하나님과 호흡하고 대화하며 밀고 당기는 것이다. 하나님과의 영적 교류가 믿음의 본질이다. 삶의 여정 가운데 하나님과 부딪히고 씨름하며 그리스도를 닮아 가는 것, 바로 이것이 믿음이다.

한마디로 본질을 추구하는 믿음은 인격과 인격 사이에서 나타나는 것이다. 믿음은 하나님이 인간을 기계적으로 조작해서 생기는 것이 아니라는 의미다. 그래서 믿음은 하나님을 대하는 우리의 태도이다. 아벨과 가인이 하나님께 드린 제사를 받으신 기준도 제물이 아니라 사람, 즉 태도에 있었다.

믿음의 선진들은 과연 어떻게 현실적인 결과, 증거가 없음에도 불구하고 하나님을 믿을 수 있었을까. 믿음과 세상적인 보상은 별개의 문제다. 그들은 이 사실을 잘 알고 있었다. 아벨은 믿음의 결과로 죽었다. 에녹은 죽음을 보지 않고 하늘나라로 올라갔다. 어떤 이는 믿음으로 전쟁에서 승리하기도 하고, 어떤 이는 믿음으로 말미암아 포로가 되고 핍박을 받았다. 이를 통해 믿음은 이 세상의 차원을 넘어선다는 결론을 얻을 수 있다. 하나님께서 우리 삶에 간섭하시고 우리로 하여금 알게 하고, 주시려는 것은 세상적인 보상이나 믿음의 대가가 아니다. 하나님은 하나님만이 원인이며 결과며 증거이심을 보이시려고 우리에게 역사하신다. 그리하여 이 세상은 자연법칙이 아니라 하나님에 의해 움직인다는 사실을 믿는 것이 믿음이다. 그러므로 믿음의 또 다른 표현은 하나님과의 사귐이다.

믿음과 말씀

성령의 도우심과 간섭에 의해, 말씀을 통해, 하나님과의 인격적인 사귐을 통해 발생하는 믿음은 보이는 것보다 보이지 않는 것을 더 중요하게 여긴다. 그러한 믿음이 생기면 매사에 하나님을 두려워하고 세상이나 사람을 두려워하지 않게 된다. 그리고 이 땅보다 하늘나라를 귀하게 여기게 된다.

이러한 믿음은 결국 하나님의 말씀에서 비롯된다. 그래서 믿음은 하나님의 말씀을 들음에서 난다고 했다. 세상이 감당하지 못할 믿음을 가지고 살기 원하는가. 그렇다면 말씀을 사모해야 한다. 말씀을 묵상하고 암송하고 읽어라. 그럴 때 놀라운 믿음의 사람이 될 것이다.

국제적인 선교 단체 네비게이토는 믿음의 성장을 위해 다음과 같이 다섯 가지 방법으로 말씀을 붙들라고 가르친다.

1) 듣기: 말씀을 듣는 것으로부터 출발

2) 읽기: 말씀을 읽는 것으로부터 성장

3) 쓰기: 말씀을 쓰는 것으로부터 훈련

4) 먹기: 말씀을 먹는 것으로부터 소화

5) 심기: 말씀을 심는 것으로부터 열매

초대 교회와 성도들은 세상 사람들의 호감을 샀다.^{행 2:47} 21세기를 살아가는 그리스도인도 선하고 영향력 있는 삶을 통해 그리스도인답다는 세상의 칭찬을 받아야 한다. 그러기 위해서는 아드 폰테스, 즉 근본으로 돌아가야 한다. 그때 비로소 세상을 흔드는, 세상에서 영향력 있는 그리스도인이 된다. 교회가 영향력이 있을 때 세상은 성도를 그리스도인이라 부르는 것이다. 세상에 영향력을 끼치면 세상이 우리를 보는 눈이 달라진다.

이 땅의 모든 그리스도인이 하나님과 인격적인 관계를 맺고 늘 말씀을 사모하며 믿음을 성장시키기 위해 애쓸 때 세상을 변화시킬 놀라운 능력이 나타난다. 그리하여 다시 그리스도의 영광이 회복되는 교회를 꿈꾸어 본다. 樂

#3
지루함을
견디는 능력

에어로빅 : 지루함을 견디는 능력

미국 원주민[인디언] 언어에는 종교, 혹은 신앙에 해당하는 말이 없다. 그들은 이를 '우리가 살아가는 방식'이라고 부른다. 참 멋진 표현 아닌가. 신앙은 구체적으로 우리가 살아가는 방식을 통해 드러날 수밖에 없다!

현대처럼 복잡한 시대에 가장 필요한 영성은 기다림의 영성이다. 사람은 시련에 직면하면 의심이 찾아오고 포기하고 싶은 유혹의 구름이 몰려온다. 이단에 빠지는 이유도 기다림의 영성이 부족하기 때문이다. 더디 오시는 주님의 재림을 기다리지 못하고 새로운 것, 더욱 자극적인 것을 찾아 기웃거리다가 이단에 빠지는 것이다.

견딤의 영성은 에어로빅에 비유할 수 있다. 흔히 에어로빅이라고 하면 여성들이 몸매 관리를 위해 하는 운동으로 여기기 쉬운데, 원래의 뜻은 전혀 다른 의미다. 레너드 스위트는《나를 미치게 하는 예수》라는 책에서 에어로빅이라는 단어를 아주 재미있게 풀었다. 에어로빅aerobics은 '−을 할 수 있는 능력'이란 의미의 에어로aero 와'지루한 것을 참고 견딤'이라는 뜻의 빅스bics라는 헬라어로 이루어진 합성어다. 즉 에어로빅은 "지루한 것을 참고 견디는 능력"이라는 뜻이다. 우리의 신앙이 추구해야 하는 모습이 에어로빅과 같지 않을까. 자극적이지 않지만 담백하고 소박한 신앙의 모습이 바로 에어로빅 영성이다.

그렇다면 왜 지루함을 견디는 능력이 필요한 걸까? 견딤의 길이가 쓰임의 길이를 결정하기 때문이다. 일본의 궁목수인 니시오카 츠네카츠는 세계 최고의 목조 건축물 '호류지'를 1,400년 동안 지켜 온 가문의 사람이다. 그에게 호류지가 1,400년 이상 유지되는 비결을 누군가 물었다. 그랬더니 그는 "천 년 이상 지탱하는 건축물을 지으려면 천 년은 된 노송을 써야 한다"고 대답했다. 견뎌 온 세월이 쓰임의 시간을 결정한다는 말이다. 가장 아름다운 신앙의 모습은 자기 자리를 우직하게 지키는 모습이다.

견딤과 성공

견딤과 성공 사이에는 상관관계가 있다는 주장도 있다. 1960-70년대에 스탠퍼드대학교의 심리학 교수인 월터 미셸 박사는 마시멜로 실험을 통해 유혹을 이겨 내는 아이들이 훗날 성공한다는 사실을 규명했다. 4세 유아 600명을 강당에 모아 놓고 마시멜로를 나누어 준 뒤 "내가 바빠서 잠깐 나갔다 올 텐데, 지금 먹어도 괜찮겠지만 먹지 않고 기다리면 하나씩 더 줄게"라고 말한 뒤 방을 나갔다. 남겨진 어린 아이들은 견디는 싸움을 시작했다. 우리는 그 상황에서 다음과 같은 세 가지 반응을 예측할 수 있다. 첫째, 연구원이 뒤돌아서자마자 먹는다. 둘째, 망설이면서 눈치를 보다 먹는다. 셋째, 하나를 더 얻기 위해 눈을 감고 꾹 참는다.

결과는 어땠을까? 어떤 어린이들은 연구원이 나가자마자 하나를 먹어 치웠고, 어떤 어린이들은 딴청을 부리며 유혹을 이겨 내려 했으며, 꾀가 많은 어린이는 낮잠을 자면서 시간을 보냈다. 놀라운 것은 참지 못하고 마시멜로를 먹은 어린아이들은 불과 1/3 정도밖에 되지 않았고, 나머지 2/3는 끝까지 참았다는 사실이다. 만일 실험이 여기서 끝났다면 시시했을 것이다. 이 실험을 진짜 유명하게 만든 것은 그로부터 10년 뒤 실시된 2차 연구 결과였다. 10년 전 먹고 싶은 유혹을 이겨 낸 어린이는 유혹을 이겨 내지 못한 어린이들보다 몸매가 날씬하고 사회에 잘 적응했을 뿐 아니라, 미국의 대학 입학 자격 시험인 SAT에서 210점이나 더 높은 점수를 받은 것으로 밝혀졌다고 보고했다.

믿음은 과학이 아니다

견딤의 능력이 주는 특별한 힘이 있다. 이를테면 인내심이 강한 사람일수록 자제력, 책임감, 분별력, 공정성 등이 다른 사람들보다 월등하게 좋다고 한다. 하지만 정말 성공한 사람들은 잘 참고 견뎠기에 그런 결과를 얻은 걸까? 과연 참을성 하나만으로 어린아이의 성공 가능성을 평가할 수 있을까?

사실 참는 것 자체보다 더 중요한 것은 왜 참아야 하는지에 대한 올바른 이해다. 온전히 견딜 수 있는 비결은 견딤의 이유를 정확하게 아는 것이다. 사람들은 단순화되고 공식화된 믿음에 속기 쉽다. 우리가 두려워해야 하는 것이 바로 번영신학이라고도 불리는 대중적 복음이다.

2014년 1월 12일자 《뉴욕타임스》에 실렸던 "우리가 마시멜로를 먹은 것이 아니라 마시멜로가 우리를 먹었다"는 기사를 보면 마시멜로 실험 하나로 세상을 너무 단순화하는 게 아닌가 하는 생각이 든다. 인내하는 사람들이 성공할 확률이 높은 것은 사실이지만, 성공의 비결이 참아냄 자체는 아니었다는 말이다. 상관관계가 인과 관계를 의미하지는 않는다.

기자는 이렇게 적었다.

마시멜로 실험은 대중의 상상력을 사로잡았다. 왜냐하면 그것은 재밌고 말하기 쉬운 데다가, 복잡한 사회심리적 문제, 즉 "성공하는 사람들의 특성은 무엇인가?"라는 문제를 단순한 공식으로 환원시켰기 때문이다. 여기서 단순한 공식이란 "성격은 타고난 운명이며, 참는 것이 미덕"이라는 논리다. 단 이 공식을 증명한 것은 그리스의 철학자나 복음주의 목사가 아니라, 현대인들이 신뢰해 마지않는 과학이었다.

_ "우리는 마시멜로를 먹지 않았다", 《뉴욕타임스》, 2014. 1. 12(양병찬 역, ㅍㅍㅅㅅ, 2014년 1월 24일에서 재인용)

특히 우리의 시선을 끄는 대목은 "이 공식을 증명한 것은 그리스의 철학자나 복음주의 목사가 아니라 현대인들이 신뢰해 마지않는 과학이었다"라는 부분이다. 이는 현대 교회의 허를 정확하게 찌르는 말이다. 내가 오랜 미국 생활 뒤에 한국으로 돌아와 보니 한국 복음주의 그리스도인들은 다음의 두 가지에 대해 무조건적인 신뢰를 나타냈다. 하나는 '인쇄된 글'이고, 또 하나는 과학자들의 의견, 즉 '공식'이었다.

교회는 참고 견딘 사람이 복되다는 이야기를 들려주는 곳이다. 그들이 훗날 어떤 보상을 받았는지를 알려 줘야 한다. 그런데 현대 그리스도인들이 목사의 설교보다 과학자의 연구 결과를 더 믿으려는 경향이 있어 견딤의 축복을 전하기가 쉽지 않다. 그럼에도 불구하고 교회는 어떻게 하면 성공할 수 있는가보다, 성공과 형통을 가능케 하시는 우리 주님이 어떤 분인지를 알려 줘야 한다.

다시 오실 주님을 기다리기

마시멜로 실험으로 우리의 믿음을 설명하려는 시도는 정말 위험하기 짝이 없는 발상이다. 어린아이들을 앉혀놓고 초코파이를 하나씩 나눠 준 다음, 15분쯤 뒤에 돌아와서 그 아이들의 수능 성적을 예측한다고 가정해 보자. 그 결과가 모두 일치한다면 학교에 다닐 필요가 없다. 우리의 믿음 또한 그렇게 단순한 인과관계로 설명할 수 있다고 생각하는 것은 비성경적이다. 물론 인내가 미래를 결정한다는 생각은 상당히 매혹적이다. 하지만 견딤의 능력은 성공을 결정하는 수많은 요인 중 하나일 뿐이다. 믿음이라는 여정 또한 마찬가지다. 믿음의 공식을 너무 단순화해 버리면 믿음으로 어떤 이는 죽음을 보고, 같은 믿음으로 어떤 이는 죽음을 보지 않고 하늘로 올라갔으며, 믿음으로 어떤 이는 사자 굴에서 목숨을 건지고, 같은 믿음으로 어떤 사람은 사자 밥이 되었는지를 설명할 수 없게 된다. 참을성 자체보다 어떻게 참을

수 있었는가가 더 중요하다.

　마시멜로 실험의 결과를 뒤집는 흥미로운 연구들이 많이 소개되었는데, 그중 하나가 바로 2013년 로체스터대학교의 홀리 팔메리와 리처드 애슬린이 발표한 〈Rational Sancking〉이라는 논문이다.

　그들에 의하면, "첫 번째 마시멜로를 빨리 먹은 아이들 중 일부는 참을성이 부족했던 것이 아니라, '나중에 돌아오면 하나를 더 주겠다'라는 연구원의 말을 의심했기 때문"이라고 한다. 그들은 "불안정한 환경에서 자란 아이들은 '먹는 것이 남는 것'이라는 생각을 갖게 된다"라는 명언을 남기며, "안정적인 환경에서 자란 아이들일수록 약속이 지켜질 것이라고 기대하며 좀 더 오래 기다리는 경향이 있다"라고 주장했다.
　_ "우리는 마시멜로를 먹지 않았다", 《뉴욕타임스》, 2014. 1. 12(양병찬 역, ㅍㅍㅅㅅ, 2014년 1월 24일에서 재인용)

　어린아이들의 참을성은 선천적이기보다는 후천적 환경에 의해 결정된다. 그래서 교육이 개입할 여지가 있는 것이다. 미셸의 실험의 원래 의도는 "참을성 있는 어린이와 그렇지 않은 어린이의 심리를 이해하고, 교육을 통해 인내력을 기르는 방법은 없을지를 연구하는 것"이었다고 한다.

우리의 신앙 또한 마찬가지다. 다시 오시겠다고 약속하신 주님을 기다리며 이 땅에서의 어려움을 견디는 능력은 선천적인 것이 아니다. 요즘은 많은 그리스도인이 다시 오시겠다는 주님의 약속을 믿지 못하는 것 같다. 친히 책임지시겠다는 하나님의 약속을 미덥지 않게 여기는 것 같다. 그러면서도 하나님을 섬기는 이유가 무엇일까? 수많은 지도자가 그 약속에 대하여 가르치고는 있지만, 정작 주님이 다시 오실 때를 준비하며 사는 모습을 보이지 못하기 때문 아닐까? 그래서 많은 그리스도인이 견뎌야 하는 이유를 알지 못한 채 지루한 신앙생활을 버티다가 더욱 자극적인 메시지를 좇아 '유사 복음' 혹은 '가짜 복음'에 현혹되거나 이단에 빠져드는 게 아닐까 싶다.

하나님 바로 알기

성경은 올바른 지식이 있어야 견딜 수 있고, 견딤이 결국 우리를 성숙한 신앙에 이르게 한다고 가르친다.

지식에 절제를, 절제에 인내를, 인내에 경건을, _ 벧후 1:6

올바른 지식이 있어야 견딤과 인내가 가능하며 참을성이 있어야 경건에 이르게 된다는 말이다. 또한 사도 바울은 희망도 인내를 바탕으로 한다고 강조한다. 다시 말하면 희망은 단련된 인격의 결과다!

그렇다면 우리 삶 속에서 견딤의 능력이 없는 이유는 무엇 때문일까? 무엇보다 우리 삶을 주관하시는 하나님의 속성을 잘 모르기 때문이다. 하나님을 모르는 사람들은 삶에서 작은 언덕을 만날 때마다 호들갑을 떤다. 하나님의 섭리와 주권에 대해 말은 하지만, 여전히 삶의 주권을 스스로 쥐고 놓지 않으려고 하기에 자신의 문제를 스스로 해결하려는 것이다. 그것이 교만이다.

유진 피터슨은 우리가 하나님을 잘 모르기에 세상과 하나도 다르지 않음을 기가 막히게 표현한다.

우리가 작은 어려움에도 참을성 없이 호들갑을 떠는 이유는 하나님이 누구시며 어떻게 일하시는 분인지를 잘 모르기 때문이다. 몸은 교회에 수없이 왔다 갔다 했지만, 여전히 하나님을 모르는 사람들처럼 세상에서의 작은 성공과 실패에 호들갑을 떠는 우리에게 하나님은 마음을 편하게 가지라고 권면하신다.

아드 폰테스는 하나님을 바로 아는 것이다. 그리고 그 하나님께로 돌아가는 것이다. 근원으로 돌아가는 아드 폰테스의 여정은 우리의 마음에 평안을 준다. 돌아가면 채워진다. 언제까지 하나님이 원치 않으시는 길 위에서 호들갑을 떨고 있을 것인가?

하나님께 시선을 고정시키라

하나님을 잘 아는 사람들의 특징을 파악하면 더 굳건하게 견딜수 있다. 성경은 하나님을 잘 알았기에 평안을 누린 사람들과 하나님을 잘 몰라 삐걱대고, 삶의 작은 모퉁이에서 방황한 사람들의 이야기로 가득하다. 나는 아드 폰테스적인 노력은 이야기로돌아가는 것이라고 생각한다. 교회는 교리가 아닌 이야기를 전달해 주는 곳이어야 한다. 누군가 그랬다. 교회가 버린 이야기들을 할리우드가 주워다가 영화를 만들어 돈을 번다고. 나는 할리우드가 성경의 이야기를 가져다가 엄청난 돈을 번다는 것도 속상하지만, 할리우드는 이야기로 사람들의 마음을 움직이는데,

교회는 딱딱한 교리를 던져 마음을 닫게 한다는 점이 안타깝다.

일전에 할리우드에 있는 워너 브라더스라는 영화사를 방문해 내가 참 좋아했던 영화 〈라스트 모히칸〉를 제작했던 프로듀서 헌트 로리를 만난 적이 있다. 그는 신실한 그리스도인이었는데, 문득 내게 이런 질문을 했다.

"전 교수, 사람들이 왜 영화movie를 영화라고 부르는지 아나? 왜냐하면 영화는 사람의 마음을 움직이기 때문이야."

그러고 나서 복음주의 지도자들이 더욱 할리우드의 영화 산업에 관심을 기울여야 한다고 강력하게 주장했다. 그 이유는 할리우드가 사람들의 마음을 움직이는 이야기를 장악하고 있기 때문이라고 했다.

"전 교수, 엔터테인먼트는 단순한 오락이 아니야. 일종의 영적 전쟁이지. 엔터테인먼트라는 영어 단어는 '들어가다'to enter 는 단어와 '유지하다'to maintain로 이루어진 합성어야. 사람들의 마음속으로 침투해 자기 것을 만든다는 의미지. 기가 막히지 않은가? 교회가 해야 할 일을 할리우드 영화들이 하고 있다는 말일세. 스토리를 놓치지 말게. 결국은 설교도 스토리 아닌가?"

하나님을 잘 모르는 사람들은 다른 사람들의 성공에 낙심하곤 한다. 하지만 하나님을 잘 아는 사람들은 심지어 악한 사람들이 잘된다고 해도 속상해하거나 부러워하지 않는다.시 37:1-3 왜냐하면 하나님의 일하시는 방법을 잘 알고 있기 때문이다. 그것이

끝이 아님을 알고 있기 때문이다. 아드 폰테스는 본질로 돌아감으로 인해 결론을 미리 아는 힘이다. 일의 끝을 알기에 과정에서 생기는 작은 사건들로 호들갑을 떨지 않는 것이 성숙한 신앙인의 모습이다.

눈앞의 현상만을 보면 견딤의 능력은 생기지 않는다. 우리의 시선을 현재에만 고정시키지 않고 일을 주관하시는 하나님을 의지하면, 악한 상황 속에서도 선을 행할 수 있다. 생각과 마음의 끝이 근원에 닿아 있기에 이 땅에 사는 동안 성실하고 묵묵하게 살아갈 수 있는 힘. 그것이 아드 폰테스의 힘이다.

우리를 굳세게 하시는 은혜

끝까지 쓰임받는 사람은 살림살이에 얽매이지 않는다. ^{딤후 2:1-5} 또한 어떠한 상황 속에서도 주님의 도를 지키며, 고난에도 주저하지 않는다. 그 비결은 견뎌 내야 할 상황이 아니라 견뎌 내야 할 이유를 붙들기 때문이다.

¹그러므로 내 아들이여, 그리스도 예수 안에 있는 은혜로 굳세어지십시오. ²그대가 많은 증인을 통하여 나에게서 들은 것을 믿음직한 사람들에게 전수하십시오. 그리하면 그들이 다른 사람들을 또한 가르칠 수 있을 것입니다. ³그대는 그리스도 예수의 훌륭한 군사답게 고난을 함께 달게 받으십시오. ⁴누구든지 군에 복무를 하는 사람은 자기를 군사로 모집한 상관을 기쁘

게 해주어야 합니다. 그러므로 그는 살림살이에 얽매여서는 안 됩니다. [5]운동 경기를 하는 사람은 규칙대로 하지 않으면 월계관을 얻을 수 없습니다.

_딤후 2:1-5, 표준새번역

우리를 굳세게 하는 것도 우리의 결심이 아닌 하나님의 은혜다. 그러므로 견딤의 능력은 하나님의 은혜이지 우리의 타고난 성품이 아니다. 교회는 교육을 통해 타고난 성품을 고치는 것이 아니라 하나님의 은혜를 누리고 경험하도록 환경을 조성해 주는 곳이어야 한다. 어떻게 하면 인내심이 없는 성도들을 인내심이 뛰어난 사람으로 만들 수 있을까? 성경공부에 몇 번 참석하고, 제자훈련을 받으면 그런 변화가 생길까?

마시멜로 실험의 후속 연구들 중 아주 재미있는 발견이 있다. 그중 하나는 아이 앞에 남겨 놓은 마시멜로 그릇에 뚜껑을 덮었더니 아이들이 기다리는 시간이 거의 두 배나 길어졌다는 사실이다. 뚜껑을 덮지 않았던 실험에서는 평균 6분 정도밖에 기다리지 못했는데, 뚜껑을 덮었더니 11분 이상을 기다렸다. 앞선 실험에서 스스로 욕망을 억제하는 방법을 찾아낸 꾀 많은 아이들이 관찰되었다. 자신을 유혹하는 마시멜로를 보지 않으려고 손으로 눈을 가리거나 책상을 발로 차면서 딴짓을 한 것이다. 그런데 두 번째 실험에서는 어른이 마시멜로가 보이지 않도록 환경을 만들어 주었더니 조금 더 기다릴 수 있게 되었다. 공동체가 해야 하는 일이 바로 마시멜로가 담긴 그릇에 뚜껑을 덮어 주는 일이다. 불필요한 유혹의 조건들을 제거해 주는 일 또한 영성 훈련의 한 부분이라고 생각한다.

혼자 힘만으로는 견딜 수 없음을 인정하라. 하나님을 바로 알고 그분에게 돌아갈 때 마음에 평안을 얻고 크고 작은 일에 흔들리지 않는 견고한 믿음이 생긴다. 기다림의 영성을 지닌 그리스도인으로 세워져 가는 길이 여기 있다. 樂

#4
지혜의 근원

하나님으로부터 오는 지혜

성숙한 지혜는 스스로를 부족한 자라고 여기는 것이다. 성숙을 말할 때 빼놓을 수 없는 것이 바로 지혜다. 믿음이라는 나무는 지혜라는 양분을 먹고 성숙이라는 열매로 맺힌다.

> 너희 중에 누구든지 지혜가 부족하거든 모든 사람에게 후히 주시고 꾸짖지 아니하시는 하나님께 구하라 그리하면 주시리라 _ 약 1:5

본질을 추구하는 지혜, 즉 아드 폰테스는 하나님의 목적과 방법에 대한 통찰력이다. 지혜는 사물의 의미나 중대성을 꿰뚫어 보는 안목을 의미한다. 만일 우리가 어떤 사람에 대해 "그 사람

참 성경을 잘 알고 있다"라고 말한다면 그를 성경에 대해 지식이 풍부한 사람으로 묘사한 것이다. 그러나 만일 그가 자신의 삶을 이해하고 또 행동 지침뿐 아니라 삶의 다양한 문제에 얽혀 있는 다른 사람의 삶을 가르치는 데에도 성경을 활용할 줄 안다면, 그의 지식은 지혜로 발전했다고 볼 수 있다.

아드 폰테스, 우리가 돌아가야 할 본원은 하나님이다. 야고보가 말하는 영적 성숙으로 이끄는 지혜는 하나님으로부터 오는 지혜다. 그것은 인생을 볼 줄 아는 혜안이며 삶의 방향을 정할 수 있는 능력이다.

야고보는 세속적 지혜와, 위로부터 오는 아드 폰테스적 지혜를 분명하게 대조한다. 지혜는 대부분 우리의 행동과 결부되어 나타난다. 그릇된 지혜를 가진 사람들은 이기적이고, 다투기를 일삼고 "무질서와 모든 악한 일들"에 얽매인다. 반면 하나님께로부터 온 지혜를 가진 사람들은 겸손하고 선하게 행동하려 애쓴다.

지혜는 시련을 극복하는 구체적인 방법이다. 시련이 올 때 넘어지는 이유는 지혜가 부족하기 때문이다. 마음의 준비가 안 된 상태에서 자신이 겪는 시련에 대해 신랄한 공격을 받으면 매우 혼란스럽다. 인간들은 아무리 지혜를 짜내도 시련이 인내를 얻는 데 도움이 된다고는 생각하지 못한다. 그러므로 야고보는 하나님께 지혜를 구하라고 권면한다. 세속적 지혜가 아닌 아드 폰테스, 즉 본질로부터 오는 지혜가 우리를 시련에서 건질 것이기 때문이다. 시련을 당할 때 주변을 두리번거리는 것이 아니라 하나님께 지혜를 구하자. 지금 겪는 시험을 이해하고 그에 적절하게 반응하는 능력을 주실 것이다.

시련을 새롭게 바라보기

아드 폰테스적인 지혜는 시련을 새롭게 이해하는 능력이다. 관점을 바꾸기 위해서는 먼저 바로 볼 수 있어야 한다. 바로 본다는 것은 내 관점이 아닌 전능자의 관점으로 보는 것이다. 하나님의 관점으로 바라보기에 시련은 더 이상 단순한 고난이 아닌 하나님의 뜻을 발견하는 도구가 된다.

〈야고보서〉는 본래 흩어진 유대인, 특히 고향에서 클라우디우스 로마 황제의 핍박 때문에 낯선 땅으로 쫓겨간 유대인을 위해 쓴 편지다. 그렇기에 편지의 서두에서 고난의 문제를 다루고 있다. 하나님이 주시는 성숙한 지혜는 시련을 극복하는 구체적인 능력이다. 성숙한 지혜를 얻은 사람은 결코 시험이나 시련들을 단순히 개인적인 문제로 취급하지 않는다. 하나님은 우리의 믿음을 키우시려는 특별한 방법으로 시험을 허락하신다. 그분은 우리를 곤경에 빠뜨릴 생각이 없으시다. 이것을 속히 깨닫는 것이 지혜다.

또한 하나님은 우리가 인내를 배우기 원하신다는 사실을 아는 것이 지혜다. 인내는 문자적으로 '견디고 참는다'는 의미다. 하나님은 그분의 종들이 인내함으로써 하나님의 뜻을 깨닫기 원하신다. 성숙한 지혜는 바로 이렇게 새로운 시각으로 문제를 바라보는 능력이다.

지혜로운 사람은 모든 것을 하나님께 구한다. 그들은 말씀대로 행한 자에 대한 하나님의 약속을 알고 있다. 우리 하나님은 모든 사람에게 후히 주시고 꾸짖지 않으시는 분이다. 하나님은 우리에게 무엇인가를 요구하는 빚쟁이 같은 분이 결코 아니다.

청년들이 하나님에 대한 오해와 편견을 갖고 살아가는 모습을 보면 매우 답답하다. 하나님은 당신의 자녀에게 인색하지 않으시다. 하나님은 우리가 기도하며 그분에게 나갈 때 "내일 다시 오너라, 그때쯤이면 나는 다시 베풀어 주는 신이 될 수 있을 것이다. 그러나 오늘은 내가 할 일이 무척 많다"라고 대답하시는 분이 아니다. 이 시대에 필요한 아드 폰테스적인 지혜란 바로 이런 하나님을 알고 만나고 믿는 것이다.

물질의 청지기

아드 폰테스적인 성숙한 지혜는 허영을 버리고 영원한 것을 사랑하는 마음이다. 우리가 세상 사람들과 달라야 할 것 가운데 하나가 바로 가치관이다. 특히 빈부에 관한 가치가 달라야 한다.

> [9]낮은 형제는 자기의 높음을 자랑하고 [10]부한 자는 자기의 낮아짐을 자랑할지니 이는 그가 풀의 꽃과 같이 지나감이라 [11]해가 돋고 뜨거운 바람이 불어 풀을 말리면 꽃이 떨어져 그 모양의 아름다움이 없어지나니 부한 자도 그 행하는 일에 이와 같이 쇠잔하리라 _ 약 1:9-11

유혹과 시험을 극복하고 바른 신앙을 유지하기 위해서는 빈부에 대한 바른 가치관을 가져야 한다. 이것이 본질로 돌아가는 아드 폰테스적인 지혜다. 야고보는 낮은 형제에게 자기 높음을 자랑하라고 말한다. 여기서 낮은 형제는 가난한 사람을 의미한다. 야고보는 그들을 향해 가난 때문에 낙심하거나 열등감에 빠지지 말라고 권면하는 것이다. 돈 때문에 교만한 것도 문제지만, 가난해서 비굴해지는 것도 문제다. 이것도 역시 후히 주시는 하나님을 신뢰하지 않는 행동이다.

대부분은 가난하면 열등감과 비굴함을 느끼기 쉽다. 세상 사람들은 물질이 없는 사람을 쉽게 무시한다. 하지만 믿음이 생기면 다르게 보인다. 물질이 더 이상 인생 최고의 가치로 보이지 않는 것이다. 이처럼 성숙한 지혜란 하나님이 보는 관점과 가치로 사물과 사람을 바라보는 통찰력이다.

성숙한 그리스도인들에게는 돈보다 더 귀중한 것이 많아야 한다. 물론 살아가는 데 돈은 필요하다. 그러나 돈의 주인이 되지 않고 청지기가 되는 것이 지혜다. 돈보다 가치 있는 것을 추구하며 그것을 위해 헌신해야 한다.

야고보는 부유한 형제들에게 이렇게 덧붙인다.

부한 자는 자기의 낮아짐을 자랑할지니 _ 약 1:10

오늘날 부유한 성도들에게 부탁하고 싶다. 오히려 낮아짐을 자랑하라고. 부유한 것이 결코 나쁜 것이 아니다. 많이 가진 것이 문제가 아니라 그것을 잘못 관리하는 것이 문제다. 물질의 부요함 때문에 하나님을 덜 사랑하고 열심을 잃어 버린다면 그것은 더 이상 복이 아니다. 부자는 가진 것이 많아서 부러움을 받는 대상이 아니라 재산을 잘 관리해서 존경받는 대상이 되어야 한다.

돈이 제공하는 능력이 분명 있다. 그러나 그것은 세상적이고 육적인 것에만 제한된다. 물질의 능력은 결코 영원하지 않다. 돈이 가져오는 가장 큰 위험은 하나님을 의지하지 않게 만드는 것이다.

나는 부자가 예수님을 잘 믿는 것이 진짜 대단한 믿음이라고 생각한다. 부자는 하나님보다 돈을 더 의지하기 쉽기 때문이다. 예수님이 부자가 천국에 들어가는 것이 낙타가 바늘구멍을 통과하기보다 어렵다고 말씀하신 것은 가난하면 저절로 천국에 가고 부자는 무조건 천국에 못 간다는 뜻이 아니다. 예수님이 말씀하신 부자는 가진 게 많은 사람이 아니라 자기 것이 많은 사람이 아닐까 생각한다. 자기 것이 많으면 지혜로워지기가 어렵다. 사실 똑똑해야 부자가 될 수 있는데 성경은 부자에게 종종 어리석다고 한다. 그 이유는 자기가 가진 것 때문에 하나님을 찾지 않고 이 땅의 것만을 추구하기 때문이다. 이는 정말 어리석은 일이다.

아드 폰테스적인 지혜는 이 땅의 것이 아닌 영원한 것을 추구한다. 심령이 가난한 자가 복이 있다는 것은 바로 이런 뜻이다. 지혜로운 사람은 가진 것이 많아도 언제나 하나님을 찾을 수 있도록 자신의 심령을 가난하게 유지한다.

하나님이 쓰신 편지, 성경 66권의 두 가지 중요한 주제는 하나님께 가는 길과 하나님과 동행하는 삶이다. 〈야고보서〉는 그중 하나님과 동행하는 삶을 강조하는데, 이런 삶이 영적으로 성숙한 모습이다. 영적 성숙에 이르기 위해서는 주님이 주시는 지혜가 꼭 필요하다.

성숙함이 거룩함이며 거룩함은 구별됨이다. 구별됨은 쉽게 말해 눈에 띈다는 뜻이다. 신앙이 성숙할수록 이 어두운 세상에서 더욱 눈에 잘 띈다. 구별되게 살아가는 것을 포기한다면, 그것은 우리가 세상과 구별됨으로 얻을 수 있는 거룩을 포기하는 것이다. 우리를 둘러싸고 있는 세상과 적대하지 않고, 그 속에서 하나님의 말씀에 순종하며 사는 삶, 즉 아드 폰테스적인 기준에 따라 살아가기를 바란다. ※

#5
선교하는 교회

세상의 변화를 주도하는 교회

세상과 구별되어 변화를 이끌어야 할 교회가 점점 세상을 닮아가며 위기에 빠졌다. 이를 극복하기 위해서는 선교하는 교회가 되어야 한다. 오늘날 교회에 벌어지는 문제의 대부분은 한데 뭉쳐 있기 때문에 생긴다. 교회는 세상에서 부름을 받은 모임인 동시에 세상 속으로 보냄을 받은 사람들의 모임이다. 따라서 교회는 모이기에 힘쓸 뿐만 아니라 흩어져야 산다. 다시 말해 우리가 꿈꾸는 아드 폰테스적인 교회는 모이는 교회가 아니라 흩어지는 교회여야 한다. 예수님의 제자로 부름을 받은 사람들은 모두 선교사로도 부름받았다. 선교사는 선교지를 변화시키는 선구자들이다. 어디든 하나님의 손길이 필요한 곳이면 선교지가 될 수 있다. 선교지가 꼭 해외일 필요는 없다.

교회의 규모가 커야만 선교할 수 있는 게 아니다. 작은 교회는 민첩하고 역동적이어서 선교에 유리하다. 미국에 있는 또감사선교교회는 크기는 작지만 이름처럼 선교에 강하다. 교회가 작아 조직이 없다 보니 담임 목사와 여덟 명의 장로가 선교적 자세로 똘똘 뭉쳐 거의 모든 일에 만장일치가 아니면 추진하지 않는다. 그런데 주께서 원하시는 일이라는 확신이 생기면 물불 안 가리고 뛰어든다. 전체 교인은 약 350명 정도지만, 일 년 예산이 우리 돈으로 100억 정도이고, 그중 80퍼센트 이상을 선교에 지출한다. 아예 교회를 시작할 때 정관에 그렇게 못 박았다.

작은 물방울들의 나라

나이가 많든 적든, 선교사들은 '청년 정신'을 지녀야 한다. 갈렙은 85세에도 아랑곳하지 않고 "이 산지를 내게 주소서!"라고 구했다. 그래서 갈렙을 '백발의 청년'이라고 부르기도 한다.

성경은 청년들을 종종 새벽이슬에 비유한다. 이슬은 물 가운데서도 매우 작고 하찮은 존재다. 그러나 그 작은 물 안에 엄청난 잠재력이 있다. 물 자체가 생명의 에너지다. 물이 움직인다는 것은 거대한 힘이 움직인다는 의미다. 아무리 작은 물방울이라도 계속 떨어지면 바위가 뚫리는 엄청난 일이 일어난다.

그러므로 우리는 작은 것에 소홀해서는 안 된다. 작은 물, 작은 생각, 작은 사랑, 작은 충성, 그리고 작은 헌신 등 모든 것이 귀하다. 지금 하고 있는 선교 사역이 때로는 하찮고 작아 보일지라도, 하나님 손에 붙잡힐 때 엄청난 힘을 발휘한다. 모든 큰 것은 작은 것에서 시작된다. 큰 바다도 작은 물방울에서 시작했다. 작은 물이 모여 내를 이루고, 내가 모여 강을 이루고, 강이 모여 바다를 이루는 것이다.

하나님의 나라는 작은 물방울들의 나라다. 즉 작은 겨자씨들의 나라다. 하나님의 나라에서는 모든 것이 작고 조용히 시작된다. 그러나 작은 것이 점점 자라난다. 마치 작은 누룩이 그 주변에 영향을 미쳐 결국 전체에 스며드는 것과 같다. 그러므로 작은 물을 하찮게 생각지 말라. 작은 물처럼 역사하시는 성령의 역사를 하찮게 여기지 말라. 그 속에 엄청난 잠재력이 담겨 있다. A. B. 심슨은 작은 물속에 담긴 잠재된 은혜를 다음과 같이 증거한다.

에스겔의 강물에 관해 우리가 주목해야 할 첫 번째 사실은 그 강이 겉으로는 하찮아 보인다는 사실입니다. 이 구절에서 '나와서'issue라고 번역된 단어는 문자적으로는 '조금씩 똑똑 떨어져서'trickle라는 의미입니다. 즉 물 몇 방울이 조그마한 틈을 따라 흘러내리는 모습이라 강이라고 부를 수도 없을 정도의 작은 물줄

기입니다.

성령의 역사도 이와 같이 처음에는 희미해서 거의 느낄 수 없을 때가 종종 있습니다. 그러나 비록 희미하게 느껴질지라도, 우리는 하나님께서 그 모든 임재와 역사 뒤에 계시다는 사실을 잊지 말아야 합니다. 그러므로 우리는 영적인 삶과 하나님의 은총이 희미한 첫 손길들을 간직해야 합니다. 그렇게 하면 머지 않아 "우리가 힘써 여호와를 알려고만 하면 여호와를 알게 될 것"호 6:3 입니다. _A. B. 심슨,《성령에 대한 묵상》

세대를 본받지 마라

너희는 이 세대를 본받지 말고 오직 마음을 새롭게 함으로 변화를 받아 하나님의 선하시고 기뻐하시고 온전하신 뜻이 무엇인지 분별하도록 하라

_롬 12:2

모든 그리스도인은 세상을 변화시켜야 할 사명을 가지고 있다. 선교사는 바로 세상을 변화시키는 사역의 선봉에 서있는 사람들이다. 어떻게 보면 선교사들은 새 역사를 창조하는 사명을 가지고 있다.

〈로마서〉 12장 2절은 세대를 본받지 않기 위해 해야 할 일 두 가지를 알려 준다. 그것은 세대를 아는 것과 선교의 기준인 말씀

을 아는 것이다. 선교사들은 선교 현장의 이질적인 문화를 존중하는 동시에, 그 속에 있는 반기독교적인 요소는 본받지 말아야 한다. 그렇기에 힘써 그 문화를 터득하고 성경을 기반으로 하는 분별력을 가져야 한다. 그때 새 역사를 창조할 수 있다.

적극적이고 열정적으로 사회에 참여하는 젊은층을 P세대라고 한다. Passion열정, Participation참여, Potential Power잠재력를 가지고 있다 해서 붙여진 이름이다. 세계화 시대에 세상을 변화시키는 선봉에 서있는 선교사들 역시 이 세 가지 P를 갖추어야 한다고 생각한다.

열정을 가져라 *Passion* : 모든 변화와 혁신에 빠질 수 없는 첫 번째 요소는 열정이다. 아무리 재능이 뛰어나도 열정 없는 사람은 혁신의 현장에 함부로 나서지 말아야 한다. 열정이 없이는 열매도, 영광도 없다. 열정이 없으면 고난과 역경 앞에 쉽게 무릎 꿇기 때문이다. 한편 열정이라는 영어 단어 'Passion'은 '고난'으로 번역되기도 한다. 일전에 멜 깁슨이 예수님의 생애를 그린 영화를 만들었는데, 제목이 〈패션 오브 크라이스트〉The Passion of The Christ였다. 고난 없이는 영광도 없으며 열매도 달지 않다.

그러므로 훈련은 고통스럽지만 그 고난을 피하지 말고 정면으로 돌파해야 한다. 그때 하나님이 기뻐하시는 선교 사역을 감당할 수 있다. 많은 교회가 선교사를 뽑을 때 그들이 바라는 선교사를 뽑으려고 하지만, 나는 교회의 비위만 맞추려는 선교사에게는 하늘의 상급이 없다고 생각한다. 그리스도의 고난에 동참하고, 하나님을 기쁘시게 하는 선교사가 돼야 한다.

직접 참여하라 *Participation* : 아드 폰테스, 본질로 돌아간다는 것은 예수님의 삶을 모방한다는 뜻이다. 예수님은 우리와 함께 하셨던 임마누엘의 하나님이시며, 그분은 거친 세상에 직접 참여하셨다. 아드 폰테스적인 삶의 방식은 변화가 필요한 사회와 삶에 직접 참여하는 것이다. 학교나 직장을 선교지로 삼을 때도 마찬가지다. 직접 참여해야 한다. 구경꾼은 변화시킬 수 없다. 운동 경기의 흐름이 내가 좋아하는 팀에게 불리하게 흘러가도 관중석에 앉아서는 전세를 바꿀 수 없다. 선수로 경기에 참여해야 승부를 역전시킬 수 있다. 그리스도인들은 세상으로부터 부르심을 받은 사람들인 동시에, 다시 세상 속으로 보내심을 받은 사람들이다. 하나님의 선교 사역에 참여한 사람들이다. 그런데 막상 세상에 나가면 많은 그리스도인이 방관자가 되거나 구경꾼으로 남는다. 더 이상 구경꾼이 아닌 병든 세상을 변화시키는 참제자가 되자.

보통 선교사들은 선교지의 언어와 문화를 익히고 그들의 어려움과 실질적인 필요를 파악하기 위해 그들의 삶에 참여한다. 예수님도 하나님이 보낸 선교사로서 세상에 적극적으로 참여하셨다. 여기서 한 가지 주의해야 할 점이 있다. 우리는 세상에 살고 있지만 세상에 속한 사람들이 아니기에 이 세상의 풍조에 휩쓸려서는 안 된다는 것이다.

삶에 참여한다는 것은 그들의 고난에 참여한다는 것이다. 교회는 세상과 거리를 두려는 경향이 있는데 그것은 거룩이 아니며 책임 회피다. 교회는 세상과 함께 기뻐하고 슬퍼해야 한다. 왜냐하면 하나님이 세상을 사랑하셔서 그 아들을 보내셨기 때문이다. 우리가 그들의 삶의 고난에 동참하고 함께 아파할 때 그들의 마음을 얻을 수 있다. 그리고 하나님이 기뻐하시는 선교 사역을 감당할 수 있다. 세상을 본받지 않으면서 세상과 더불어 사는 법을 배우는 것이 바로 아드 폰테스 정신이다.

잠재력을 일깨우라 *Potential Power* : 자기 훈련과 자기 계발을 게을리 하면 오래 경주할 수 없다. 선교 현장은 세계화 시대에 맞추어 움직이고 있으며, 선교사는 세계화의 주역이라고도 볼 수 있다. 그래서 선교사들을 민간 외교관이라고 부르기도 한다. 그러므로 선교사는 끊임없이 잠재력을 개발해야 한다. 아무리 강력한 힘이라도 사용할 줄 모르면 소용없다. 내면에 잠자고 있는 힘을 끌어내기 위해서는 자기 계발과 자기 훈련이 필요하다.

예수님도 '착하고 충성된 종'이라고 칭찬하기 전에, "잘하였도다"라고 말씀하시며, 그 사람의 능력을 먼저 인정하셨다. 반면 자기 계발을 하지 않은 다른 종에게는 "악하고 게으르다"라고 책망하셨다. 자기 계발을 하지 않는 선교사는 악하고 게으른 종이다. 잠재력을 키워라. 발굴하라. 그리고 사용하라.

기도의 능력 Prayer : 여기에 마지막으로 하나 추가하고 싶은 P가 있는데, 그것은 바로 기도의 능력Prayer이다. 예수원을 세운 고故 대천덕 신부는 "기도는 노동이다"라고 했다. 선교사는 하나님 나라의 일꾼으로 부름받았다. 그런데 일하지 않으면 일꾼 자격이 없다. 하나님 나라를 위해 우리가 할 수 있는 최고의 노동은 기도다. 기도 중에서도 영혼을 위한 중보기도가 최고의 기도이다. 예수님을 알지 못하는 영혼들뿐 아니라 자기 자신을 위해서도 쉬지 말고 기도해야 한다.

기도 없는 열정은 식기 쉽다. 기도 없는 열정은 유행처럼 왔다가 사라지며 기도 없는 참여는 무책임한 돌 던지기가 되기 쉽다. 기도한다는 것은 책임진다는 의미다. 사람들은 자기가 기도하지 않은 문제에 무책임한 경향이 강하다. 그러나 목숨 걸고 기도한 것은 끝까지 책임진다. 무엇보다 우리가 목숨 걸고 기도하면 하나님이 책임져 주신다. 조지 바워, 맥스 루케이도와 같은 여러 신학자는 "우리가 열심을 내 일하면 우리의 일이지만, 우리가 열심히 기도하면 하나님이 일하신다"라고 말했다. 이 말을 가슴 깊이 간직하자.

기도하지 않으면 우리 안에 숨은 잠재력을 끌어낼 수 없다. 기도는 잠재력을 끌어내는 펌프와 같다. 물론 선교가 경쟁은 아니지만, 열 시간 모금하러 다니는 선교사는 한 시간 골방에서 기도하는 선교사를 앞설 수 없다. 선교 보고를 해서 선교비 더 받으려고 컴퓨터 두드리는 시간에, 기도의 골방에서 무릎 꿇고 하나님께 선교 보고하라. 그때 하나님이 상상할 수 없는 방법으로 모든 필요를 채워 주신다.

또한 기도할 때 자신이 가진 장점과 단점을 발견한다. 자기 계발이란 단점을 고치는 것이 아니라 장점을 극대화하는 것이다. 오랜 시간에 걸쳐 굳어 버린 단점은 고치기 힘들다. 그러나 아무리 작은 것이라도 장점을 발견해서 계발하면 엄청난 에너지를 낼 수 있다. 그것이 바로 선교사의 자기 계발이다. 그 장점을 발견하는 시간이 무릎 꿇고 기도하는 시간이다.

기도 없이는 영광도 없다

신라 시대에 최치원이라는 사람이 있었다. 당시 중국은 당나라 시대였는데, 당나라는 로마와 같은 선진국이며 강대국이었다. 당은 실크로드의 요충지에 호시라는 국제 무역 시장을 설치해 아랍에서 당나라까지 오는 국제 무역상과 거래했다. 그곳에서는 한꺼번에 열 개 국어를 듣는 것도 낯설지 않을 정도로 세계 각국의 무역상이 몰려들었다. 최치원의 아버지 최견일은 열두 살밖에 안 된 어린 최치원을 당나라로 조기 유학을 보내며 아들에게 비장하게 말한다. "10년 안에 과거에 급제하지 않으면 내 아들이 아니다." 아버지의 비장한 부탁 때문이었는지는 모르겠으나 최치원은 유학 간 지 6년 만인 18세 때 단번에 외국인을 위한 당나라 과거 빈공과에 급제한다.

청년이 된 최치원은 당 희종 때 10년 동안 벼슬을 한 뒤 사신으로 신라에 귀국한다. 그때 신라의 통치자 헌강 왕은 최치원이라는 인재를 알아보고 등용하려다가 그만 골품제의 벽에 부딪혀 실패하고 만다. 외국인도 과거를 거쳐 등용할 정도로 개방적인 당나라의 분위기와 달리, 신라는 골품이 모든 것을 지배하는 폐쇄적인 신분제 사회였던 것이다.

애굽에 팔려 갔으나 결국 총리에 오른 요셉과 비교될 만한 인재 최치원은 아주 중요한 인생의 갈림길에 놓인다. 하나는 온몸을 던져 신라 사회를 개혁하는 길이고, 또 다른 하나는 은둔의 길을 걷는 것이다. 그러나 아쉽게도 최치원은 쉬운 길을 택했다. 은둔자가 된 것이다. 무엇이 문제였을까? 그는 열정과 잠재력을 지녔지만 기도라는 무기를 몰랐다.

나는 만일, 그 당시에 복음이 전해졌고, 그래서 최치원이 예수님을 믿어 기도했다면 우리나라의 역사가 달라지지 않았을까 생각해 보곤 한다. 기도하지 않으면 하나님 나라의 영광은 없다.

기도하지 않으면서 세상이 변하기를 꿈꾸는 것은 개꿈이다. 기도하지 않고 찾아오는 변화는 변질이다. 언젠가 이런 말을 들은 적이 있다.

"돈과 아이디어와 지혜는 필요한 곳으로 흘러들어 소중히 여김을 받는 곳에 오래 머문다."

그렇다. 기도는 하늘의 지혜와 하늘의 기회를 오래 머물게 하는 비결이다.

살다 보면 종종 선택의 기로에 놓일 때가 있다. 교회를 기쁘게 할 것인가, 하나님을 기쁘게 할 것인가? 하나님이 기뻐하시는, 하나님 나라에 꼭 필요한 일꾼이 되면 교회는 당연히 함께 기뻐한다. 그러므로 그러한 기로에 놓일 때는 기도해야 한다. 세상을 뒤집는 아드 폰테스적인 삶을 살기 원한다면 선택의 순간마다 기도하고 하나님의 응답을 구하라.

선교는 선택이 아니라 교회의 사명이며, 건강한 영적 성장을 위해 꼭 필요한 사역이다. 예수님은 세상을 변화시키기 위해 우리를 부르셨다는 사실을 잊지 말자. 하나님이 당신에게 맡기신 '이 산지'에 열정적으로 기도하며 나아가라. 그다음은 하나님이 알아서 하신다.

Part 4

흔들어라,
리더십

#1
물에게서
배우다

내 멘토이신 강준민 목사님은 영성과 리더십으로 알려진 분이다. 그 분이 목회 리더십의 정점에 있을 때 같은 교회에서 동역한 적이 있다. 리더십을 훈련받고 싶어 교회 사역에 합류했다. 그런데 영적인 리더십으로 정점을 찍었을 때 위기가 한꺼번에 몰려왔다. 그때 리더십에게 요구되는 가장 중요한 요소는 지도자의 '실력'이나 '재능'이 아닌 '성품'이라는 것을 배웠다. 가장 리더십이 어려울 때 쓴 책이 바로 《절망을 희망으로 바꾸는 생수의 은혜》라는 책이다. 절망을 희망으로 바꾸는 능력은 도약하는 솟구침이 아니라 내려감이라는 것을 그는 책에서 강조하고 있다. 힘을 비축해서 올라가려고 했을 때 문제가 해결되는 것이 아니라, 오히려 낮아지고 내려가려고 할 때 문제가 해결되는 것을 경험했다. 어려움을 통과하면서 배운 것이 있다면, 영적 리더십의 진정한 요소는 힘과 실력이 아닌, 겸손, 낮아짐, 유연성이라는 것이다.

하나님께서는 우리의 재능과 실력이 아닌 바로 그분의 은혜로 문제를 해결해 주신다는 것을 배웠을 때 써내려간 책이라 그런지 영적 리더십의 깊이를 더해 준다. 난 그때 〈에스겔서〉 강해를 통해 배웠던 흐르는 물이 가르쳐 주는 영적 리더십을 우리 매일의 삶속에, 특히 선교적 리더십에 적용할 수 있다고 생각했다. 특히 세상 속의 그리스도인과 현장 선교사들의 삶이 어떠해야 하는지 물에서 배운 영성을 적용할 수 있을 것이라고 확신한다.

낮은 곳으로 흐르는 겸손

ROCK 스피릿이라고 해서 항상 거슬러 올라가기만 하는 것이 아니다. 아드 폰테스적인 ROCK 스피릿은 오히려 본래의 성질을 지키는 것이다. 그것이 오히려 세상의 흐름을 거스르는 저항이 된다. 모두가 리더십은 높아지는 것이라고 말할 때, 낮아지는 게 리더십이라고 말하는 것이 ROCK 스피릿이다.

아드 폰테스의 기본은 변화시키는 힘이다. 아드 폰테스의 뜻은 '원천'으로 돌아가다, 즉 물의 근본으로 돌아간다는 의미다. 물은 모든 것의 원천이다. 물은 모든 것을 변화시키는 힘을 가지고 있다. 죽어가는 것을 살아나게 하고, 열매 맺게 한다. 어쩌면 물의 성질은 하나님의 성품을 닮았다. 그러므로 하나님 뜻에 합당한 리더가 되기를 꿈꾸는 사람들은 물 같은 성품을 지녀야 한다.

흐르는 물을 통해서 겸손을 배울 수 있다. 물은 위를 향해 흐른 법이 없다. 항상 낮은 곳을 지향하며 아래로 흐른다. 하나님은 위에서 아래로 내려가는 물 같으신 분이다. 하늘 보좌를 버리시고 이 땅에 오셨다. 그것이 예수님의 리더십이다. 하나님의 아들이셨지만, 낮고 천한 말구유에서 태어났고 십자가에서 죽으셨다. 이 세상을 살아가는 그리스도인들도 예수님을 닮아 위를 지향하는 사람이 아니라 아래로 흘러가는 사람이어야 한다. 그런 점에서 나는 선교사들을 존경한다. 예수님이 그러셨던 것처럼 익숙하고 편안한 것들을 버리고 척박한 현장으로 들어갔기 때문이다.

반면, 마귀는 높은 곳을 좋아한다. 그래서 우리를 항상 높은 곳으로 유혹한다. 마귀가 예수님을 유혹한 곳도 높은 곳이었다. 성전 꼭대기와 지극히 높은 산에서 유혹했다. 그 높은 곳에서 천하만국과 그 영광을 보여 주며 자신에게 경배하면 모든 것을 주겠다고 유혹했다. 선교지에서도 높은 곳의 유혹이 도사리고 있다. 가끔 선교사들 가운데 고넬료 선교 방식이라면서 높은 위치를 차지해야 효과적인 선교 사역을 감당할 수 있다고 주장하는 분들을 만난다. 하지만 하나님의 사역자들은 높은 곳을 탐하지 말아야 한다. 끝까지 쓰임받는 리더십을 생각하면서 높은 곳이 가장 위험한 곳이라는 사실을 기억해야 한다. 높은 곳에 올라 선 후에 겸손하기란 정말 어렵다. 그래서 성경은 "교만은 패망의 선봉이다"라고 거듭 경고한다.^{잠 16:18} 교만은 반드시 우리를 넘어지게 한다. 하나님은 교만한 자를 대적하시는 반면 겸손한 자를 존귀케 하신다.

> 여호와를 경외하는 것은 지혜의 훈계라 겸손은 존귀의 길잡이니라
>
> _잠 15:33

넘어질 염려가 없는 자리

아드 폰테스, 본원으로 돌아간다는 것은 높은 곳으로 간다는 것이 아니라 낮은 곳으로 임한다는 의미다. 역설적이지만, 낮추면 살지만 스스로를 높이면 패망한다. 세상은 높아져야 산다고 거짓말한다. 하지만, 높아지면^{거만하면} 넘어진다고 성경은 바로 잡아준다. 오히려 자신을 낮춰야 하나님이 붙잡아 주신다. 높아지면 많은 것이 주어질 것 같은데, 성경은 오히려 낮아질 때 재물과 영광과 생명을 우리에게 넘치도록 부어 주신다고 한다.^{잠22:4}

　많은 지도자가 교만과 오만으로 인해 열심히 이루어 놓은 것

을 일순간 다 잃는 경우를 간혹 본다. 본질을 무시하면, 아무리 열심히 세운 것도 한순간에 무너질 수 있다. 교만한 사람은 자족할 줄 모르고, 더 많은 것을 요구하고 더 많은 세력을 확보하려 한다. 그런 사람은 어느 순간 자신이 소유한 것까지도 모두 잃고 만다. 그러나 겸손하면 모든 것이 회복된다. 부족한 채로 살기로 작정한 사람은 오히려 그 부족함 때문에 하나님의 부요하심으로 차고 넘치게 된다.

레너드 스위트가 말하는 잘 노는 삶, 이 땅에서 평안하고 행복한 삶을 사는 비결은 겸손히 자신을 낮추는 것이다. 자신을 조금만 낮추면 편하고 안전해진다. 높은 곳에 있는 사람은 늘 떨어질 염려를 해야 하지만, 낮은 데 있는 사람은 넘어질 염려가 없다. 또한 자신을 낮추는 삶은 감사가 넘치고 하나님과 사람들에게 사랑을 받게 된다. 그런 까닭에 감사를 영성의 최고봉이라고 부르는 것이다.

타협하지 않는 유연함

Rock 스피릿으로 흐르는 물에게서 배우는 두 번째 특성은 끈기다. 흐르는 물은 온유하며 끈기가 있어서 앞길이 막혀도 열릴 때까지 기다린다. 또한 흐르는 물은 유연해서 둥근 그릇에 멈춰서 담기면 둥근 모양, 각진 그릇에 닿아서 담기면 각진 모양이 된다.

이처럼 흐르는 물은 결코 상대를 거스르지 않으면서 오히려 상대방에 자신을 맞출 줄 안다. 흐르는 물에게서 하나님의 아들 예수님의 모습을 본다. 예수님은 하나님이시면서 인간의 몸을 입고 이 땅에 오셨다. 예수님의 유연성이 가장 잘 드러난 것이 바로 성육신이다. 영적인 지도자에게는 이러한 유연성과 적응력이 필요하다.

그러나 흐르는 물이 유연하다고 해서 자신의 본질까지 포기하지는 않는다. 그것이 바로 Rock 스피릿이다. 흐르는 물이 그릇을 만나 그 모양이 변한다 해도, 본질은 결코 바뀌지 않는다. 어떤 그릇에 담기든지 물은 여전히 물이다. 물의 유연함은 결코 타협이 아니다. 생수의 근원되시는 예수님도 유연함을 갖추셨지만, 진리에 어긋나는 일에는 절대 타협하지 않으셨다. 결코 본질을 상실하지 않으셨다. 죄인들을 사랑하셨지만 죄를 용납하지 않으셨고, 자신은 죄가 없으셨기에 오히려 그들의 죄를 용서하시고 변화시키셨다. 이것이 바로 영적 리더십이 갖추어야 할 타협 없는 유연함이다.

세상은 온유함을 약함과 동일시한다. 하지만 온유함은 결코 약함이 아니다. 온유라는 단어의 원래 뜻은 절제된 힘이라는 뜻이다. 온유함 속에는 강함이 감추어져 있다. 고요하게 흐르는 물은 약해 보이지만 그 속에 강함이 담겼다. 온유함 속에는 끈기가 있다. 그래서 온유한 사람은 약해 보이지만 웬만해서는 물러서는 법이 없다. 때로는 물러서는 것처럼 보이지만 사실은 물러서는 것이 아니다. 더 멀리 나아가기 위해 잠시 멈추어 기다리는 것이다. 기다리는 동안 힘을 모으고 내공을 쌓으며 함께 나아갈 다른 물들을 기다리는 것이다. 본질을 추구하는 아드 폰테스적인 믿음으로 산다는 것은 뒤로 물러서지 않는 것이다. 선한 일을 위해, 하나님이 맡기신 일을 도모하기 위해 물러서지 않는 것이다. 하나님은 물러섬을 기뻐하지 않으신다.

Rock 스피릿은 뒤를 돌아보지 않는 정신이다. 영적인 지도자, 즉 하나님의 일을 맡은 사람은 뒤를 돌아보지 말아야 한다. 그것이 바로 온유다. 돌아볼 수 없기 때문에 돌아보지 않는 것이 아니라, 얼마든지 돌아볼 수 있지만 돌아보지 않고 앞으로 전진하는 것이 흐르는 물이 가르쳐주는 Rock 스피릿이다. 흐르는 물은 막히면 멈추었다가 길이 열리면 전진한다. 성경은 온유한 사람이 결국 땅을 차지한다고 가르쳐 준다. 온유한 사람이 결국은 풍부한 화평을 누리게 되는 것이다.^{시 37:11}

거대한 충만

아드 폰테스적 영적 리더십이 흐르는 물에게서 배울 수 있는 세 번째 특징은 충만함이다. 흐르는 물은 처음에는 서서히 흘러나오지만 순식간에 충만해진다. 〈에스겔서〉에 보면 성전에서 나온 물은 처음에는 작은 물방울과 같았으며 서서히 흘러나왔다. 그러나 그 물이 순식간에 충만해졌고 나중에는 헤엄할 수 없으며 건널 수도 없는 강이 되었다.겔47:3-5

이처럼 하나님이 하시는 일은 마치 흐르는 물과 같다. 위대한 하나님의 일도 때로는 성전에서 흘러나오는 생수처럼 작게 그리고 조용히, 서서히 시작된다. 그러나 어느 순간부터 아주 강렬한 역사가 나타나고 순식간에 충만해진다. 그것을 모멘텀이라고 부른다. 영적인 지도자는 이 모멘텀을 기다릴 줄 알아야 한다. 대개 모멘텀을 기다리지 못하고 스스로 그 모멘텀을 억지로 만들어 내려다가 망한다. 모멘텀은 마치 작은 눈이 어느 한 순간 큰 눈덩이가 되어 구르는 것과 같다. 모멘텀이 형성되면, 그때부터 모든 상황이 바뀌고 역전된다. 영적인 지도자는 지금 당장 아무것도 이루지 못했다고 좌절하지 말아야 한다. 대신 물처럼 기다릴 줄 알아야 한다. 때가 되면 하나님이 친히 그리고 속히 이루신다. 잠잠하게 하나님의 때를 기다리는 것이 영적인 지도자가 취해야 할 중요한 태도다.

목적을 이루는 삶

흐르는 물에게서 배우는 영적인 리더십의 마지막 특성은 반드시 목적을 이룬다는 것이다. 흐르는 물은 스스로 목적지를 정하지 않는다. 하지만 마지막 도착할 곳, 바다를 향해 흐른다.

〈에스겔서〉에 보면 물이 가는 길에 아라바가 있었다. 아라바는 팔레스타인 남북을 가로지르는 저지대를 부르는 말이다. 성경에서는 요단 골짜기까지를 아라바라고 부른다. 또 다른 말로 아라바는 광야라는 뜻이다. 흐르는 물은 광야를 잠시 거치면서 광야를 기름지게 한다. 하지만 흐르는 물은 그곳에 머물지 않고 결국에는 바다에 이른다. 그리고 바닷물을 소성케 한다. 영적인 지도자는 물론이고, 모든 그리스도인은 가는 곳마다, 밟는 곳마다 그곳을 소성시키는 존재가 되어야 한다. 그것이 그리스도인의 존재 목적이다.

세상을 흔드는 Rocker의 원조이신 예수님도 흐르는 물처럼 사셨다. 예수님은 이 땅에 특별한 목적을 가지고 오셨다. 그리고 예수님은 그 목적을 이루는 것을 자신의 행복의 조건으로 삼으셨다. 비록 고통스러운 십자가의 길이라 할지라도 아버지가 자신에게 주신 목적을 이루는 길이었기 때문에 묵묵히 그 길을 걸어가셨다. 예수님은 그 길을 통해 부활의 길로 나가셨다. 그렇게 예수님은 이 땅에 오신 목적인 인류 구원을 이루셨던 것이다.

하나님은 우리 모두에게 각각의 삶의 목적을 주셨다. 우리는 이 땅에서 그 목적을 발견하고 그 목적을 이루어야 한다. 교회를 향한 하나님의 목적도 있다. 이 땅에서 교회의 존재 목적은 영혼을 구원하고 모든 민족으로 그리스도의 제자를 삼아 그들이 있는 각처에서 하나님을 예배하는 삶을 살게 하는 것이다. 예수님의 생명으로 인류를 충만케 하는 것이다. 생명을 풍성하고 충만하게 얻게 하는 것이다. 교회가 건강해지는 비결은 그 목적을 이루기 위해 집중할 때다. 다르게 표현하면 교회가 건강하지 않은 이유는 목적의식이 사라졌기 때문이라고 할 수 있다.

아드 폰테스적인 삶을 추구한다면, 흐르는 물처럼 겸손하고 유연하면서도 굽힐 줄 모르는 하나님의 성품을 사모해야 한다. 그리고 정기적으로 나를 부르신 주님의 목적을 다시 한 번 점검하는 시간을 가져야 한다. 그것이 예배다. 또한 각자에게 하나님이 허락하신 삶의 목적을 발견하고 그 목적을 이루기에 힘써야 한다. 이 세상을 흔들기 위해 헌신하는 그대여, 모든 만물을 충만케 하셨던 말씀으로 그대가 서있는 곳을 충만케 하라.

#2
하나님의 의를
드러내다

하나님의 의

우리는 마음으로 믿어 의에 이르고, 입으로 시인하여 구원에 이르는다는 말을 잘 알고 있다. 믿는다는 것은 생각이 바뀐다는 것을 의미한다. 생각이 바뀌면 의에 이르고, 그 바뀐 생각을 입술로 고백하면 구원에 이른다.

> 복음에는 하나님의 의가 나타나서 믿음으로 믿음에 이르게 하나니 기록된 바 오직 의인은 믿음으로 말미암아 살리라 _롬 1:17

문제는 이 과정을 너무 쉽게 보는 경향이 있다는 사실이다. 사람들은 은혜와 믿음을 값싼 진리로 만들어 버리고는 한다. 이러한 자의적인 해석이 심지어는 복음에 나타난 하나님의 의까지 오해하고 곡해하게 한다.

아브라함의 믿음을 의로 여기신 하나님. 아벨과 요셉과 욥을 당대의 의인이라고 칭하셨던 하나님. 바리새인과 세리가 기도할 때 저 세리가 오늘 의로움을 입고 돌아갔다고 말씀하시는 하나님. 바로 그 하나님이 이렇게 말씀하신다.

> ²내가 증언하노니 그들이 하나님께 열심이 있으나 올바른 지식을 따른 것이 아니니라 ³하나님의 의를 모르고 자기 의를 세우려고 힘써 하나님의 의에 복종하지 아니하였느니라 _ 롬 10:2-3

바리새인들이 가졌던 잘못된 의를 말씀하시던 예수님처럼 사도 바울은 하나님께 열심은 있으나 그것이 잘못된 의가 될 수도 있다고 말한다. 또한 성경은 성령이 오시면 잘못된 의에 대하여 책망하신다고 기록했다.

그렇다면 과연 의란 무엇인가. 아무리 열심히 노력해도 스스로 의로워질 수 없다. 오로지 죄 없는 어린 양을 통해서만 의롭게 될 수 있다. 그것이 복음의 본질이다. 개혁을 말하는 사람들은 대부분 자기 의에 빠져 있다. 우리가 회복해야 할 의는 자기 의가 아니라 하나님 나라의 의다. 하나님의 어린 양이 세상 죄를 지고, 바로 나의 죄 짐을 지고 십자가에서 죽으셨다는 사실을 믿고 그 아래 거할 때 비로소 의롭다 함을 입게 되는 것이다.

십자가의 길

진정한 의란 하나님의 뜻을 온전히 이루려는 열망이다. 세례 요한에게 세례를 받으시던 주님은 세례를 받을 사람이 바로 요한 자신이라는 말에 다음과 같이 답하셨다.

> 예수께서 대답하여 이르시되 이제 허락하라 우리가 이와 같이 하여 모든 의를 이루는 것이 합당하니라 하시니 이에 요한이 허락하는지라 _마 3:15

하나님의 뜻은 우리의 바람이나 소원과 다를 수 있다. 내 뜻과 하나님의 뜻이 다를 때, 내 뜻을 내려놓고 하나님의 뜻을 이루려는 열망이 바로 하나님 보시기에 의가 된다. "내 뜻대로 마시고 아버지의 뜻대로 하시옵소서"라고 겟세마네 동산에서 기도하시던 주님처럼 내 뜻을 하나님께 온전히 맞추는 것이 하나님 보시기에 의로운 것이다. 그러나 안타깝게도 우리에게는 하나님의 뜻을 깨달을 능력이 없으며 혹여 깨달았을 때도 자신의 뜻을 버리기가 쉽지 않다. 그래서 기도가 필요하다. 주님처럼 간절하게 기도하지 않고서는 하나님의 뜻을 깨달을 수도, 자신의 뜻을 버릴 수도 없다.

주님이 자기의 뜻을 꺾고 지신 십자가가 바로 그것을 의미한다. 십자가가 우리 의의 증표가 되는 까닭이다. 기도 없이는, 자신을 부인하고 십자가를 지지 않고서는 온전한 의를 이룰 수 없다. 십자가는 나를 죽이는 고통이며 때로는 답답함이다. 그러나

거기에는 부활이 감추어진 하나님의 의가 담겼다.

세상에 의적은 있으나 선한 도적은 있을 수 없다. 홍길동 같은 의적은 의롭기는 하나 도적일 뿐이다. 인간은 온전히 선한 사람이 될 수 없다. 선한 분은 하나님 한 분뿐이다. 혹 행실이 착하다 해도 그는 여전히 죄인이다. 예수님에게 영생을 얻는 방법을 물었다가 소유를 팔아 가난한 자에게 주어야 한다는 말씀을 듣고 고개를 떨군 채 돌아갔던 부자 청년처럼 우리도 온전히 선할 수 없다. 그러나 그러한 죄인도 의롭다 칭함을 받을 수 있다. 성령으로 말미암아 마음의 중심에 의가 있기 때문이다.

오늘도 주님께 가까이 가려는 열망이 있는가. 우리는 때로 넘어질 수 있다. 그러나 일어나 주님께 가까이 가려는 마음 또한 있다. 하나님이 우리를 의로 여기시기에 하나님을 찾아 나아갈 수 있는 담대함이 있다. 거룩하신 성령을 만나고, 우리를 의롭게 만드시는 그리스도의 보혈을 입으라. 🏛

#3
지혜의 힘

지혜의 원천

흔히 〈잠언〉을 지혜의 책이라고 한다. 잠언의 히브리어 뜻은 '빗 댄 말'인데, 진리를 알기 쉽게 빗대어 설명한 책인 것이다. 폴 스 티븐스는 《그분의 말씀 우리의 삶이 되어》에서 잠언을 다음과 같이 말한다.

> 〈잠언〉은 묵상을 자극하고 머리와 마음속에 스며들어 하나님을 믿는 믿음을 불러일으킴으로 거룩한 길로 걷게 한다. 잠언의 취 지는 독자와 청중에게 억지로 계시를 강요하는 것이 아니라 이 미지를 던져 주어 구경꾼들의 묵상을 유발하는 것이다. 잠언은

청바지에 티셔츠 차림으로 우리 삶에 슬그머니 기어 들어와 가정과 일터와 장터의 언어로 말한다.

아무리 최첨단 21세기를 살아간다 해도, 예수님을 믿는 우리는 여전히 하늘의 지혜를 구해야 한다. 이 지혜는 추상적이지 않으며, 삶에 바로 적용할 수 있다. 무엇보다 지혜는 아드 폰테스의 결과다. 왜냐하면 근원을 돌아갔을 때 얻어지는 것이기 때문이다. 지혜는 주님과의 올바른 관계에서 나오는 삶의 모든 것을 말한다. 지혜의 원천은 하나님과의 관계이며 하나님과의 관계는 주로 말씀을 읽을 때 형성된다. 다시 말해 하나님의 지혜를 가졌다는 것은 경건한 삶, 하나님을 경외하며 살아갈 수 있음을 뜻한다.

지혜는 어리석은 사람에게도 필요하지만, 현재 지혜가 필요한 위치에 있는 사람에게 더욱 절실하다. 지도자의 자리에 선 자들이 하나님의 뜻대로 쓰임받기 위해서는 다른 무엇보다도 하나님의 지혜 속에 담긴 도덕과 윤리, 그리고 영적인 교훈을 먼저 구해야 한다. 지금 그런 위치에 있다면 지도자들을 위한 잠언이라 불리는 〈잠언〉 22-24장을 묵상하라. 하나님의 지혜로 공동체를 섬기는 데 도움이 될 것이다.

절제하는 능력

미련한 사람은 원칙보다 자신의 생각에 따라 행동한다. 우리 인생을 어렵게 만드는 문제는 주로 원칙을 따르지 않고 주관적인 생각에 의존할 때 발생한다. 지혜란 주관을 내려놓고 원칙을 따르는 것이다. 모든 권위는 하나님으로부터 오는 것임을 인정할 때 지혜로운 사람이 될 수 있다.^{잠 23:22} 우리는 부모 공경을 통해 하나님을 공경하는 방법을 배운다. 내게 주어진 육적인 권위자를 공경하지 못하면서 하나님을 공경한다는 것은 거짓말이다.

또한 지혜는 절제하는 능력이다.^{잠 23:23} 일시적인 육체적 쾌락을 얻으려 영원한 생명과 축복을 가져다주는 지혜를 가볍게 여기는 실수를 저지르지 마라. 절제하는 능력이 없으면 진리를 사고파는 인생이 된다. 지혜와 훈계와 명철을 저버리며 살게 된다. 절제는 믿음 생활에서 필수 불가결한 덕목이다. 헬라인들의 도덕적 사상에도 근신, 절제, 공의, 용기를 네 가지 덕으로 정해 중시했다고 한다.

남종성 목사는^{다우니 OMC의 담임 목사} "절제란 하지 말아야 할 것을 하지 않는 것"이라고 정의했다. 짧은 인생을 통해 배운 것이 있다면, 해야 할 일을 하는 것보다 하지 말아야 할 일을 하지 않는 것이 더욱 어렵다는 사실이다.

남 목사는 "해야 할 것은 하는 데는 기교와 기술이 필요하다. 하지만 하지 말아야 할 것을 하지 않으려면 깊은 수양이 필요하다. 수양이 덜 되어서 혈기를 내거나 험한 말을 했다가 일을 그르치는 경우가 허다하다"라고 말했다. 삶의 모든 영역에 수양이 필요한 것이다.

우리가 다 실수가 많으니 만일 말에 실수가 없는 자라면 곧 온전한 사람이라 능히 온몸도 굴레 씌우리라 _ 약 3:2

특히 말을 절제해야 한다. 혀는 지극히 작지만 큰 영향력을 갖고 있으므로 말을 할 때는 늘 조심해야 한다. 그뿐 아니라 옷이나 몸단장에도 절제가 필요하다. 겉모습에 지나치게 신경 쓰다 보면 정작 중요한 내면을 가벼이 여길 수도 있다. 또한 그럴듯한 겉치레로 자신의 부족함을 포장하려는 어리석음을 범할 수도 있다.

최유강 박사의 술 이야기

술에 취하면 이성이 마비돼 지혜 없는 자와 같이 행동하기 쉽다.잠20:1-10 건강에 이익이 없고 손해되는 것 중 대표적인 것이 술과 담배다. "술이 사람을 먹는다"라는 서양 속담같이 술이 사람을 먹고 가정도 먹고 나라도 먹는다. 우리나라는 술 소비량이 세계 최고라고 하니 더욱 경계를 게을리해서는 안 된다.

한동대학교에서 강의전담 교수를 할 때 알게 되어 지금까지 형제처럼 가까이 교제하는 지체가 있다. 당시 나는 30대 초반의 대학 강사였고, 그 형제는 총학생회장이었다. 지금은 드림리터 치포올이라는 교육 봉사 단체를 이끌고 있는 최유강 박사의 이야기다. 내가 한동대학교에서의 짧은 교수 사역을 마치고 다시 미국에 돌아가 공부와 목회를 병행하고 있을 때, 한동대학교를 졸업한 최유강 박사는 하버드 케네디 공공정책대학원에 지원하여 합격했다. 하지만 비싼 등록금을 감당할 길이 없어 입학을 잠시 미루고 국회의원 보좌관으로 근무하며 돈을 모아 학교생활을 시작했다.

리더십을 가진 사람은 어디에 가도 리더십을 발휘하게 되는 모양이다. 어느 날 그가 하버드 케네디 스쿨의 총학생회장으로 출마하려 한다며 기도를 부탁하는 이메일을 보내왔다. 며칠 뒤 다시 연락한 그는 술을 마시지 않는 탓에 그동안 한인 학생들 모임에 한 번도 가지 않았는데 선거 운동을 위해 한인 학생들을 만나야 한다고 했다. 그러더니 술을 마셔야 하는 상황을 잘 이겨 내도록 기도해 달라고 했다. 사실 나는 그렇게 간절하게 기도하지는 못했다. 몇 달 뒤 신문에서 최 박사가 한인 학생 최초로 하버드 케네디 스쿨 총학생회장에 당선되었다는 기사를 보았다. 나는 한인 학생들의 표를 얻기 위해 어쩔 수 없이 술잔을 받았을 거라고 생각했다.

그에게 당선을 축하한다는 전화를 걸어 술자리를 어떻게 해결했는지 넌지시 물었다. 그는 술을 마시지 않으면 대화에 낄 수도 없고, 그리스도인이라고 티내면 많은 한인 학생의 표를 얻지 못할 수도 있어 심각하게 고민했다고 한다. 두 눈 딱 감고 술잔을 받아 마신 뒤 당선되어 하나님께 영광을 돌리면 안 될까? 별의별 생각이 다 들었다고 한다.

선배들이 술잔을 권해서 일단 받기는 했는데, 마실 수도 없고 안 마실 수도 없는 분위기가 되었다. 모두의 시선이 최 박사를 향했다. 순간 그는 선배가 따라 준 술잔을 가슴에 부었다. 모든 사람의 눈이 휘둥그레졌다. 최 박사는 술잔을 가슴에 부어 비운 뒤 이렇게 말했다.

"하늘 같은 선배님이 따라 주신 술을 어찌 입으로 받아 마시겠습니까? 저는 가슴으로 받아 마시겠습니다. 한 잔 더 주십시오."

그동안 그리스도인이라 술을 마시지 않는다며 모임에 코빼기도 안 보이던 형제를 못마땅해하던 많은 한인 선배가 최 박사의 재치와 신앙에 크게 놀랐다. 그 모임 후 그들은 최 박사를 전폭적으로 지지했고, 그 결과 한인 최초로 하버드 케네디 스쿨의 총학생회장이 되었단다.

이렇게 절제할 때 세상이 감당 못할 힘이 나온다.

이기기를 다투는 자마다 모든 일에 절제하나니 그들은 썩을 승리자의 관을 얻고자 하되 우리는 썩지 아니할 것을 얻고자 하노라 _ 고전 9:25

훈계하고 양육하는 지혜

〈잠언〉 23장 22절은 부모가 자녀를 훈계하여 올바로 양육하는 것이 지혜며 축복의 지름길이라고 말한다. 우리는 하나님의 자녀다. 그렇기에 하나님 아버지의 성품을 닮아 가야 한다. 그런데 닮기 위해서는 반드시 훈계가 필요하다. 〈시편〉 103편에서는 하나님의 성품을 노를 영원히 품지 않으시고 죄를 따라 처벌하지 않는 분이라고 묘사한다. 속 썩이는 자식 때문에 무자식이 상팔자, 혹은 자식이 원수라고 말하는 부모들을 가끔 만난다. 그런데 그 자식이 죽을 죄를 짓고 와도 죽이지 못하는 것이 부모의 마음이다. 우리들의 하늘 아버지는 잘못하면 실컷 두들겨 패고도 저녁때가 되면, "밥 먹어라" 하고 부르는 긍휼이 많으신 분이다.

아버지가 자식을 긍휼히 여김 같이 여호와께서는 자기를 경외하는 자를 긍휼히 여기시나니 _ 시 103:13

아무리 어려워도, 값비싼 대가를 지불하더라도 자녀를 훈계해야 한다. 그것이 지혜다. 목회자도 마찬가지다. 대가를 지불하고서라도 믿음의 성도들을 양육하고 가르쳐야 한다. 이때, 무조건 책망만 해서는 결코 올바른 교육을 할 수 없다. 자녀를 키울 때 칭찬과 격려를 많이 하라.

1950년대에 미국 위스콘신대학에서 우수한 문학 지망생들이 모임을 만들었다. 그들은 정기적으로 모여 각자가 쓴 소설이며 시의 결점을 가차 없이 비평했다. 그것은 그들의 창작에 도움이 되는 듯했다. 한편 여학생들이 중심이 된 또 다른 모임이 있었다. 그 모임에서는 서로 혹평은 일절 피하고 좋은 부분만 칭찬했다. 10년 뒤 그 여학생들 중 대부분이 훌륭한 작가가 되었다. 그러나 그토록 유망하던 위스콘신대학의 문학 지망생들 중에서는 단 한 명의 뛰어난 작가도 나오지 못했다.

사람은 보통 95퍼센트의 좋은 점과 5퍼센트의 좋지 않은 점을 갖고 있다. 100퍼센트 좋은 사람은 아무도 없다. 그러나 95퍼센트의 좋은 점을 보면서 사는 사람이 있는 반면, 5퍼센트의 좋지 않은 점만 보면서 사는 사람이 있다. 자기 자신에 대해서도 마찬가지다. 95퍼센트를 보고 사는 사람은 늘 자신감이 넘친다.

다른 사람의 95퍼센트를 보면 좋은 관계가 형성되지만 5퍼센트에 주목하면 관계가 틀어진다. 그 5퍼센트를 바꾸려 하기 때문이다. 그러나 그 부족한 부분은 그가 평생 지니고 사는 것이고 우리가 받아 줘야 할 부분이지, 바로 잡으려고 애쓸 부분이 아니다. 완전한 사람은 존재하지 않는다. 사람은 세워 주고 키워 주어야 할 대상이다. 성경은 '도가니로 은을, 풀무로 금을, 칭찬으로 사람을' 만든다고 했다. 칭찬이 금과 은 같은 사람을 만든다.

_ 조현삼, 《파이프 행복론》

기다릴 줄 아는 마음

우리의 문제는 항상 부족한 5퍼센트에 집중한다는 사실이다. 황대권 시인의 《민들레는 장미를 부러워하지 않는다》에 나오는 "초대 기독교 수도 공동체 규칙서"를 소개한다.

형제를 변화시키려 하지 말라.
기다려라.
기다리는 중에 내가 변화된다.
그러면 변화된 나로 인하여
형제가 변화될 것이다.

악은 실체가 아니다.
선의 부족 상태일 뿐.
그러니 선을 북돋우라.
악은 몰아댈수록 야수처럼 자라지만
선은 식물처럼 기다림 속에 자라난다.

마음에 상처를 받은 사람은 마음을 완전히 닫아 버려 그와 화목하기가 쉽지 않다. 나와 반목 관계에 있는 사람과 가까워지고 싶다면 당장 대화를 시도할 것이 아니라, 기다리는 것이 지혜다. 이때는 자신의 생각을 내려놓고 함부로 추측하지 않아야 한다.

역설적으로 들릴지 모르겠지만 너무 앞서 생각하지 않는 것이 지혜다.

어떤 생각이 많은 사람이 인적이 드문 곳을 운전하고 가다가 타이어에 구멍이 났다. 다행히 여분의 타이어는 있지만 잭키가 없었다. 마침 그곳에서 얼마 떨어지지 않은 곳에 같은 교회에 다니는 집사가 한 명 살고 있었는데, 평소 사이가 좋지 않았다. 아쉬운 대로 그에게 잭키를 빌리러 가면서 계속 이런 생각을 했다. '안 빌려 줄지도 몰라. 그러면 어쩌지? 그 인간 성격에 절대 빌려 줄 리가 없어. 아니야, 그래도 이대로 얼어 죽을 수는 없잖아. 일단 가서 물어나 보자.' 이렇게 혼자 중얼거리며 가다 보니 어느덧 그 집사 집에 도착했다. 하지만 아무리 문을 두드려도 기척이 없었다. 한참 뒤 잠결에 집사가 문을 열었다. 그는 집사에게 다짜고짜 "빌려 줄 거야 말거야, 싫음 말고, 내 그럴 줄 알았다니까!" 하고 소리치더니 휙 돌아서서 가버렸다.

모든 일에는 지혜가 필요하다. 가정에서도 세상에서도 직장에서도 교회에서도 지혜롭게 일하는 사람이 존경받고 리더가 된다. 하지만 내 생각과 지식에는 한계가 있다. 우리가 구해야 할 것은 하나님이 부어 주시는 지혜다. 근원으로 돌아갈 때, 하나님의 충만한 지혜가 우리에게 임할 것이다.

#4
시간을
관리하는 법

바쁜 사람, 나쁜 사람

바쁜 사람은 나쁜 사람이다. 나쁜 사람은 나뿐인 사람이기 때문이다. 바쁜 사람은 자기중심적이고, 눈앞에 놓인 긴급한 일로 허둥대다가 결국 중요한 일을 놓쳐 시간을 허비한다. 그런데 성경은 우리에게 세월을 아끼라고 말한다.

바쁜 사람은 또한 어리석은 사람이다. 지혜로운 사람은 오직 주의 뜻을 구하고 그 뜻대로 행한다. 그러나 매사에 바쁜 사람은 자기중심적이기에 자기의 뜻과 의지를 깊이 묵상하고, 남들에게 심지어 하나님에게조차 자기 뜻을 관철시키려고만 할 뿐 결코 주님의 뜻을 헤아리려 하지 않는다. 성경은 그런 사람을 가리켜 어리석은 사람이라고 단호하게 말한다.

어리석다는 말의 라틴어^{surdus}에는 '귀머거리'라는 뜻이 있다. 어리석은 사람, 즉 바쁘다는 말을 입에 달고 사는 사람들은 안팎으로 너무나 많은 소음에 둘러싸여 정작 하나님이 말씀하실 때 그 음성을 제대로 듣지 못한다. 우리는 바쁘고 분주할 때 귀머거리가 되어 하나님이 언제 우리를 부르시는지도 모르고 어느 방향으로 부르시는지도 깨닫지 못하곤 한다. 그래서 결국 어리석은 삶이 되고 마는 것이다.

어리석은 사람은 남의 말, 특히 윗사람의 말을 듣지 않아 공동체의 협력을 깰 때가 많다. 그러므로 지혜로운 사람이 된다는 것은 듣는 법을 배운다는 의미다. '순종하다'는 영어로 'obedient'인데, 이는 듣는다는 뜻의 라틴어 'audire'에서 왔다. 듣는 법을 배우면 자연스럽게 순종하게 된다.

어리석은 삶에서 지혜롭고 순종하는 삶으로, 번잡한 염려가 가득한 삶에서 하나님의 음성을 듣고 그 인도를 따르는 삶으로 옮겨 가기 위해서는 훈련이 필요하다. 그것이 바로 영성 훈련이다. 하나님의 음성을 듣는 훈련은 우리를 지혜롭게 하며, 하나님께 순종하도록 이끌어 결국 하나님을 기쁘시게 하는 삶을 누리게 해준다. 그러기 위해 깊이 생각할 필요가 있다. 아무렇게나 살아서는 안 된다는 뜻이다.

시간 관리는 마음 관리

분주한 일상에서 '빨리빨리'와 '바쁘다 바빠'라는 말을 입에 달고 사는 사람이 많다. 그들은 늘 시간에 쫓긴다. 하지만 시간은 마음 먹기 달렸다. 헨리 나우웬은 시간 관리에 대해 이렇게 기록한다.

> 일상생활의 가장 분명한 특징 중 하나는 우리가 '바쁘다'는 것입니다. 우리가 살아가는 하루하루는 해야 할 일, 만나야 할 사람, 끝내야 할 과제, 써야 할 편지, 걸어야 할 전화, 지켜야 할 약속 등으로 가득 차 있습니다. 우리의 삶은 솔기가 터질 정도로 짐을 잔뜩 쑤셔 박은 가방 같은 꼴일 때가 많습니다. … 그런데 이상한 것은 바쁘지 않기가 대단히 어렵다는 것입니다. 바쁘다는 것은 (오히려) 지위의 상징이 되어 버렸습니다. 오히려 바쁜 것이 좋은 것이라는 가정을 하게 됩니다. _헨리 나우웬, 《모든 것을 새롭게》

바쁘다는 말의 한자 '망'忙은 마음 심心 변에 잃어버릴 망亡자로 이루어졌다. 바쁘다는 말은 시간과 관련이 있는데, 시간에 관련된 글자가 없고, 마음을 나타내는 한자가 쓰인 이유는 무엇일까. 바쁜 것은 상대방이나 어떠한 사물에 대해 '마음을 잃었다'라는 의미이기 때문이다. 즉 마음이 변했다는 말이다. 남녀가 이별하는 모습을 보면 쉽게 알 수 있다. 상대방에 대한 마음이 식으면 가장 많이 하는 말이 '나 지금 바빠'다. 아무리 급한 일이 있어도 전화하고, 문자도 보내고 온갖 관심과 애정을 쏟던 사람이 바쁘다고 말한다면 그 사람의 마음은 이미 떠났다는 뜻이다.

그러므로 시간을 관리한다는 것은 우리의 마음을 관리한다는 의미다. 나를 둘러싼 주변 사람을 향한 마음을 관리하는 것이 바로 성도의 지혜다. 아내나 친구나 자녀로부터 어떤 부탁을 받았을 때, "나 지금 바빠"라고 말하는 것은 "너에 대한 마음이 떠났어"라는 표현일 수 있다. 단지 우리 문화가 그렇게 직설적인 표현을 용납하지 않기에 바쁘다고 핑계를 대는 것은 아닐까.

이런 추측을 조금 극단적이라고 볼 수 있다. 정말 급하고 중요한 일이 있어 바쁘다고 한 것이라고 생각하는 사람도 있을 수 있다. 그렇다면 "마음이 떠났다"는 표현 대신 "당신보다 더 중요한 일이 있다"라는 말로 바꾸어 보자. 누군가 내게 전화를 걸어 "오늘 저녁이나 같이 합시다"라고 했을 때, 다른 약속이 있기 때문에 "미안합니다. 저도 함께 저녁을 하고 싶지만 시간이 없어서"라고 했다면, 사실 나는 거짓말을 한 것이다. 진짜 속마음은 "당신과 함께 저녁을 먹는 것보다 더 중요한 일이 있습니다"일 게다.

시간은 하나님의 선하신 일을 위해 우리에게 주어진 생명의 단위다. 우리 생명의 주인은 오늘 아침에도 생명을 연장시켜 주신 하나님이시다. 우리는 단지 그 시간을 받아 누리는 것뿐이다.

하나님 나라를 위해

하나님이 세상을 창조하시고 우리를 이 땅에 살게 하신 목적이 있듯, 우리에게 시간이 주어진 목적이 있다. 성경은 그 목적이 선한 일, 즉 '하나님 나라의 사역'을 위한 것이라고 가르쳐 준다.^갈 6:10; 엡 2:10; 롬 12:11

성경은 성도들에게 세월을 아끼라고 매우 강한 어조로 말한다.^{엡 5:16} 〈에베소서〉 5장 15-21절까지를 자세히 살펴보면, '주의하라'^{15절} '아끼라'^{16절} '되지 말라'^{17절} '이해하라'^{17절} '취하지 말라'^{18절} '충만함을 받으라'^{18절} '화답하라'^{19절} '감사하라'^{20절} '복종하라'^{21절} 등 거의 모든 동사가 명령체로 쓰였음을 알 수 있다. "시간을 좀 아끼는 것도 괜찮은 생각일 것 같습니다"가 아니라, "시간을 아끼십시오"라고 강하게 권유하고 있는 것이다.

우리는 보통 두 가지 상황에서 명령이나 반말을 한다. 우선 상대방을 존경하지 않거나 업신여기면 자기도 모르게 명령 어투나 반말이 나온다. 두 번째 상황은, 매우 다급한 지경에 처했을 때다. 위급한 상황에서는 예의를 차릴 겨를이 없다. 어떤 건물 밑을 지나는데, 바로 그 사람 위로 위험한 물건이 떨어지고 있다고 가정해 보라. "어, 선생님, 위에서 뭔가 떨어지는 것 같은데요. 거기 서 계시면 심하게 다칠지도 모릅니다. 초면에 실례인 줄 압니다만, 조금 불편하시라도 옆으로 피하시는 게 좋으실 것 같은데, 선생님은 어떻게 생각하십니까?" 이런 식으로 말하면 상대방은 이미 죽는다. 아주 짧게 "위험해" "비켜!"라고 말한다고 해서, "어린놈이 어디다가 대고 반말이야. 아주 버릇이 없구만. 도대체 교육을 어디서 받은 거야?"라고 화내는 사람은 없다.

사도 바울이 에베소교회에 편지를 쓰면서, 에베소 성도들을 업신여겼을 것 같지 않다. 그만큼 시급한 사안이기에 강한 어조의 명령형으로 계속해서 권면하고 있는 것이다.

시간은 모두에게 똑같이 주어지지만 사람마다 사용하는 방법이 제각각이다. 하나님의 백성 된 우리는 하나님 나라를 위해 우리의 시간을 헌신해야 한다. 그것이 우리에게 시간이 주어진 진짜 이유이며, 시간을 가장 현명하게 쓰는 길이다.

시간 관리는 인생 관리

지혜로운 사람은 시간을 아낄 줄 안다. 여기서 '아끼다'라는 말은, 헬라어로 '구속하다' 혹은 '사다'라는 뜻으로 대가를 지불하여 해방시킨다는 의미다. 즉 세월을 아낀다에는 하나님이 우리에게 주신 '모든 기회를 바르게 사용한다'라는 뜻이 담겼다. 벤저민 프랭클린은 "당신은 인생을 사랑하십니까? 그렇다면 시간을 낭비하지 마십시오. 인생은 시간으로 이루어져 있습니다"라고 말했다. 이 말이 진실이라면, 인생을 관리한다는 것은 시간을 관리한다는 것이고, 시간을 관리한다는 것은 인생에서 벌어지는 사건들을 관리한다는 말이다.

사실 시간 관리라는 말은 잘못된 표현이다. 사람은 시간의 주인이 아니므로 시간을 늘리거나 줄이거나 비축해 놓거나 잃어버릴 수 없다. 하물며 시간을 관리한다는 것은 있을 수 없는 일이다. 그러므로 시간을 관리한다는 것은 우리에게 삶의 목표와 가치를 부여하시는 예수 그리스도의 주권 아래서 우리 자신을 관리한다는 말이다.

세월을 아끼려면 우선순위를 분명하게 정해야 한다. 그러기 위해서는 먼저 분명한 가치관을 세워야 한다. 왜냐하면 자신이 가치 있다고 생각하는 일에 우선순위를 두기 때문이다. 청년의 때일수록 시간을 아껴 자신에게 주어진 모든 기회를 선교, 교육, 봉사의 기회로 삼아야 한다. 그것이 하나님께서 우리에게 시간을 허락하신 이유다. 또한 그것이 물질을 허락하신 이유이기도 하다. 만일 우리가 하나님이 주신 시간과 물질을 효율적으로 사용하면 더 많은 것들을 받아 더 많이 사용하고 더 많이 섬길 수 있다.

한마디로 시간을 아낀다는 것은 우리에게 시간을 허락하신 주의 뜻이 무엇인지를 이해하는 것이며, 이는 자신을 지배하는 삶의 핵심을 안다는 것이다. 현대 사회에서 예수님을 제대로 믿기 힘든 이유는 성경의 세계관과 세상이 우리에게 가르쳐 준 세계관이 충돌하여 갈등을 일으키기 때문이다. 그리스도인들은 대부분 그 갈등을 피하려 성경의 가르침에 무관심한 반응을 보인다. 튼튼한 지퍼가 달린 성경을 꽁꽁 닫은 채로 들고 다니며, 혹시나 지퍼가 고장 나서 열리지 않을까 가끔 확인한다.

문명이 발달했음에도 불구하고 여전히 현대를 혼돈과 방황의 시대라고 한다. 정보는 많은데 그 정보를 걸러 낼 기준과 가치관이 없어 정보의 홍수, 아니 태풍에 쓸려가 버리는 때가 많다. 하지만 걸러지지 않은 정보는 위험하다. 정확하지 않는 지식과 정보는 오히려 우리를 위협하는 흉기로 돌변할 때가 많다. 분명한 가치관 없이 목적이 분명한 삶을 살지 않으면 쉽게 지친다. 어디로 나아가야 할지 몰라 방황하며 공허함을 느낀다. 이것이 현대인의 실상이다.

인생은 선택의 연속이며 선택하는 방식을 보면 그 사람의 가치관을 알 수 있다. 그 사람의 됨됨이가 어떤지, 그 사람을 지배하는 진정한 핵심 가치가 무엇인지를 알려면 그 사람의 은행 계좌나 신용카드 사용 내역을 잠시만 들여다봐도 쉽게 파악할 수 있다. 또한 하루 일과표를 살펴봐도 충분하다. 선택의 기로에 놓였을 때, 무엇을 택하는지가 그 사람을 지배하는 핵심 가치를 말해 준다.

자녀들과 시간을 보내는 일이 중요하다는 사실에 이의를 제기할 부모는 아무도 없을 것이다. 그런데 정작 일주일에 얼마나 많은 시간을 자녀와 함께 보낼까? 몇 년 전 한 연구에 따르면 아버지가 자녀와 단둘이 대화하는 시간이 일주일에 평균 17분, 남편과 아내가 마주앉아 대화하는 시간은 일주일에 평균 27분이라고 한다. 왜 그토록 중요하다고 생각되는 일에 소홀한 걸까?

얼마 전 네 명의 다른 대학교 교수들과 기독교 교육에 대해 연구했다. 이곳에서 한국 교회는 다음세대가 중요하다고 말하면서 1년 예산의 겨우 5퍼센트만을 다음세대 신앙 교육에 투자하며, 평균 15-20분 정도를 소그룹 성경공부에 할애한다는 결과가 나왔다.

하나님과 시간을 보내는 일이 정말 중요하다고 생각하는가? 그 중요하다고 생각하는 일에 시간을 얼마나 투자하고 있는가? 입으로는 중요하다고 말하면서 왜 정작 실천하는 데는 소홀한 걸까? 그 이유는, 내가 손만 내밀면 언제나 곁에 있을 것이라고 착각하기 때문이다. 그러나 시간은 한정되어 있다. 수시로 하나님의 뜻을 점검하지 않으면, 하나님과 멀어질 수밖에 없다. 지금이라도 늦지 않았다. 하나님과 꾸준히 교제하고 그분의 뜻을 헤아리라. 소홀히 여겼던 것들을 아쉬워할 때가 반드시 온다.

우선순위 바꾸기

우리 삶이 허둥지둥하며 갈피를 잡지 못하는 이유는 어떠한 일에 대해 중요하다고 말만 할 뿐 거기에 진정 가치를 부여하지 않기 때문이다. 가치를 모른다는 것은 긴박성을 느끼지 못한다는 뜻이다.

그런 우리에게 성경은 '세상과 구별되라'고 거듭 촉구한다.

그러므로 사랑을 받는 자녀 같이 너희는 하나님을 본받는 자가 되고
_엡 5:1

너희가 전에는 어둠이더니 이제는 주 안에서 빛이라 빛의 자녀들처럼 행하라_ 엡 5:8

하나님은 세상과 구별되라고 말씀하신다. 예수를 구주로 시인했다면, 구원받은 하나님의 자녀라면, 더 이상 세상의 가치관을 따라 살지 말라는 것이다. 아드 폰테스적인 삶의 태도는 수시로 세상의 가치관을 따라 살고 있지는 않은지 스스로에게 묻고, 자신의 모습을 하나님의 관점으로 살펴보는 것이다. 예수님을 믿는 내가 인생에서 제일 우선에 두어야 하는 것들은 무엇인가? 그리고 그중에서 가장 소중하게 여기는 것은 어떤 것인가?

자신이 소중하게 여기는 일을 찾아야 한다. 진정 사랑하는 일을 하지 않으면 인생은 불만과 불안으로 가득해진다. 삶의 본질적 가치가 없다면 시간을 낭비하며 방황할 수밖에 없다. 당신의 가슴을 뛰게 하는 가치는 무엇인가? 목숨을 아끼지 않고 반드시 달성하겠다고 다짐하게 만드는 일은 무엇인가? 아니, 무엇이 하나님의 가슴을 요동치게 할까? 어떻게 해야 하나님의 뜻을 깨달

을 수 있을까? 그 비결은 바로 하나님의 말씀이다.

다윗은 "나로 하여금 깨닫게 하여 주소서 내가 주의 법을 준행하며 전심으로 지키리이다"^{시 119: 34}라고 고백했다. 하나님의 말씀은 로고스^{Logos}다. 나는 목사 안수를 받을 때 나만의 로고스 L.O.G.O.S.를 삶의 핵심 가치로 삼았다. 그것은 바로 "Logos-말씀 중심인가?, Obedience-순종하는가?, Glorification-하나님을 영화롭게 하는 일인가?, Outstanding-탁월함을 추구하는가?, Spiritual-영적인 일인가?"이다. 이 다섯 가지 가치는 삶의 우선순위를 정해야 할 순간마다 큰 도움이 된다.

더 이상 바쁘다는 핑계로 삶의 우선순위에서 주님의 일이 밀려나지 않도록 해야 한다. 그리스도인에게 합당한 삶의 핵심 가치를 정하고 늘 그 가치대로 일의 우선순위를 매기고 있는지 점검하라. 다른 어떤 것보다 가장 가치 있는 일은 하나님의 나라를 위한 헌신이며 주님을 만나는 시간이다. 이것의 참된 가치를 아는 사람은 그 즐거움을 어떤 것에도 빼앗기지 않을 것이다. ❧

#5
성령 충만한
리더

산 밑에서 이루어지는 영성

시간을 아끼고, 관리하기 위해서는 성령 충만해야 한다. 그리고 성령의 지배 안에서 삶의 우선순위를 점검하고 조절해야 한다. 성령 충만해져야만 주의 뜻이 무엇인지 이해할 수 있다.

　바쁘다는 말을 입에 달고 사는 사람, 가치관이 분명하지 않은 사람은 언제나 염려로 가득하며 마음에 평안이 없다. 벌려 놓은 일만큼이나 머릿속이 복잡하다. 어떤 사람들은 그러한 마음을 정죄하며, 바쁜 일상을 버리고 교회에서만 시간을 보내는 것이 진정한 헌신이라고 가르치기도 한다. 하지만 그것은 잘못된 헌신이다.

예수님은 세상 일로 바빠서는 안 된다고 말씀하지 않으신다. 그분은 우리의 삶을 구성하는 여러 사건과 활동과 사람에게서 우리를 끌어내려 하지 않으신다. 우리가 세상에서 하는 일들이 전혀 중요하지 않고 쓸모없다고 말씀하지 않으신다. 현재 관여하고 있는 복잡한 일에서 손을 떼고 고요하고 평온한 삶을 살라고 하지도 않으신다. 복잡한 세상을 떠나는 것이 진정한 영성이라고 말하지도 않으신다. 예수님 또한 고귀하게 산 위에서만 계시지 않았다. 그분은 세상 속에서 빛과 소금이 되셨으며, 고아와 과부들과 함께하셨다.

주님이 우리에게 명하시는 것은 다만 삶의 무게중심과 관심의 초점을 주님께로 돌리고, 우선순위를 바꾸라는 것이다. 마르다에게 부탁하셨듯, 예수님은 우리가 많은 것에서 한 가지 꼭 필요한 것에 집중하기를 원하신다.

진정한 아드 폰테스 영성은 교회가 아닌 세상 속에서 드러난다. 교회에서는 누구나 영적으로 보인다. 교회에서만큼은 누구나 인생의 최대 가치를 하나님 나라로 삼는다. 교회에서 먼저 그의 나라와 그의 의를 구하지 않는 사람을 찾기란 좀처럼 쉽지 않다. 문제는 교회 밖에서의 삶이다. 예수 믿지 않는 사람들 사이에서 내리는 결정, 삶의 모양과 우선순위를 매기는 모습을 보면 그 사람의 진정한 가치관과 신앙이 드러난다. 그래서 미국의 어떤 교회는 임직자를 세울 때, 같은 교회 사람이 아닌 한 동네에 사는 예수 믿지 않는 사람들에게서 세 통의 추천서를 받아 오게 한다. 나에 대해 잘 알면서, 예수님을 믿지 않는 사람으로부터 추천서를 받아 오는 일에 자신 있는 사람이 몇이나 될까?

세상과 교회에서 동일한 모습으로 주님의 길을 걷는 그리스도인이 늘어날 때, 예수 그리스도의 향기가 온 세상에 전파될 것이다.

빛의 자녀

초대 교회 당시 에베소에서 예수를 믿는 사람은 극소수에 지나지 않았다. 비록 작은 수였지만 에베소 성도들은 당당하게 하나님을 전했다. 그들은 믿음을 지키기 척박한 환경 속에서도 자신들을 빛의 자녀답게 살지 못하게 하는 방해물이 있으면 과감히 버리는 결단력이 있었다. 뿐만 아니라 실천하기로 결심한 일은 어떤 대가를 치르더라도 반드시 행동으로 옮겼다. 하늘에서 내려다보면 한국에 교회가 많다고 하지만 아직도 예수님을 믿는 사람들보다 믿지 않는 사람들이 더 많다.

예수를 믿는다는 것은 대가를 지불한다는 것이다. 믿지 않는 사람들에 비해 수적으로 밀린다 해도 빛의 자녀답게 사는 것이 전도다. 지하철역이나 캠퍼스에 가서 사영리를 읽어 주고, 시장에 나온 사람들의 장바구니를 잡아끌며 예수 믿으라고 전도하는 것도 중요하지만, 우리 삶을 보고 그들이 '다르다'는 것을 느껴야 한다. 우리의 삶과 다른 사람을 대하는 태도, 시간과 물질을 대하는 태도를 본 믿지 않는 사람에게서 "역시 예수 믿는 사람은 다르다"라는 말을 들을 수 있어야 한다.

우리가 알아야 할 또 한 가지가 있다. 세월을 아끼는 삶, 하나님을 기쁘시게 하는 거룩을 추구하는 삶은 갑자기 활동 영역이나 행동, 만나는 사람을 바꾼다고 해서 되는 것이 아니다. 마음과 태도를 바꾸는 것이 세월을 아끼는 지혜로운 사람의 모습이다.

이 마음의 변화가 겉으로 보기에는 똑같은 것 같아도, 결국 모든 것을 달라지게 한다. 그것이 바로 우선순위의 점검이다. "너희는 먼저 그의 나라와 그의 의를 구하라"^{마 6:33}에서 주목해야 할 단어는 '먼저'다. 변화와 성숙은 하나를 선택하고 하나를 버리는 문제가 아니라 순서의 문제다.

중요한 것은 우리 마음이 어디 있느냐는 것이다. 바쁘다고 말할 때 우리 마음은 딴 곳에 가 있다. 성경에서 말하는 '염려'의 원 뜻은 '마음이 나뉘다'이다. 바빠서 우왕좌왕하며 무엇부터 해야 할지 고민하느라 마음이 분산되면 결국 염려가 생긴다.

현실에 뿌리박은 영성

성경이 오늘 우리에게 "지혜로우라, 시간을 아끼라" 하고 말하는 것은 우리 마음을 존재의 중심이신 하나님을 향해 고정하라는 명령이다. 다른 모든 것은 바로 거기서부터 제자리를 찾는다. 내가 발을 딛고 서있는 땅에서, 직장이나 가정, 그리고 사람들과의 관계에서 우선 아버지의 나라를 추구하는 태도가 바로 현실에 뿌리박은 영성이다. 그런 삶은 성령 충만할 때 가능하다.

우리의 삶은 마땅히 예수님처럼 되어야 한다. 하나님의 자녀인 우리는 그분을 삶의 기준으로 삼아야 한다. 아버지를 가장 많이 닮은 하나님의 아들 예수님의 궁극적인 목표는 우리를 아버지의 집으로 데려가는 것이었다.

그런데 이 세상의 가치관과 방법으로는 아버지 집에 갈 수 없다. 가치관이 바뀌어야 하는데 그러한 근본적인 변화는 성령을 통해서만 가능하다. 무엇보다 먼저 하나님의 나라를 추구하라. 하나님의 나라는 하나님의 성령이 끊임없이 우리를 인도하고 치유하고 도전하고 새롭게 하는 곳이다. 성령 충만해지면 지혜롭게 살 수 있을 뿐 아니라, 감사하는 삶, 시와 찬미가 넘치는 삶, 순종하는 삶을 누리게 된다.

지금 나는 하나님 중심의 가치관을 지니고 있는지 점검해 보라. 날마다 우선순위를 확인하고 직접 적어 보라. 그러면 시간을 낭비하는 일이 줄 것이다.

성령이 충만해질 때 우리를 향한 하나님의 뜻이 무엇인지 깨달을 수 있다. 성령 충만해질 때 비로소 먼저 그의 나라와 그의 의를 구할 수 있다. 하지만 우리의 노력과 훈련으로는 결코 이 땅에서 먼저 그의 나라와 그의 의를 구할 수 없다. 그 일은 오직 성령이 하셔야 한다. 그러므로 성령에게 우리 자신을 열어 드리는 삶이 영성을 추구하는 그리스도인의 모습이다.

나는 이 책을 읽고 있는 당신이 성령 충만하여 다른 어떤 것보다 하나님의 나라를 먼저 추구하며 살기를 바란다. 그리하여 필요한 모든 것이 더해지는 복도 누리게 되기를 간절히 소망한다.

#6
아름다운
마무리

시작보다 마무리가 중요하다

리더십을 형성하고 유지하는 것보다 더 힘든 것은 리더십의 계
승이다. 아무리 뛰어난 리더라도 물러나야 할 때가 있다. 그런데
화려한 리더십을 가진 사람일수록 순순히 물러나기가 힘들다.
권력을 탐하고 욕심 많은 인간의 죄성이 리더십의 이양을 이토
록 어렵게 만들었다.

　성경에 아름다운 마무리로 유명한 리더가 있다. 바로 선지자
엘리야다. 하나님이 아닌 바알 신을 숭배하라는 왕권의 압박으
로 종교적인 위기가 닥친 시기에 선지자가 된 엘리야. 그는 우
상을 없애기 위해 혈혈단신으로 갈멜 산에 올라 바알의 선지자

850명을 상대했다. 하나님은 이렇게 신실한 엘리야를 통해 비를 그치게도 하고, 다시 비를 내리게도 하고, 불을 내리기도 하시며 하나님의 주권을 나타냈다. 하지만 시대를 휘어잡던 리더 엘리야에게도 마지막 때가 찾아온다.

리더는 머물러 있을 때보다 떠나는 뒷모습이 아름다워야 한다. 지혜로운 리더는 자신의 물러날 때를 안다. 그래서 때가 되면 조용히 주변을 정리한다. 그런데 이것은 하나님과 가깝게 교제할 때만 가능한 일이다. 하나님과 교제가 없는 사람은 미래에 대한 확신이 없기 때문에 떠날 때가 되면 유난히 불안해하며 주변을 시끄럽게 만든다. 영원히 살 것처럼 살아가는 사람은 영적인 리더가 아니다.

아드 폰테스, 본원으로 돌아가는 길은 혼자 걷는 길이다. 그래서 본질을 추구하는 리더의 삶은 늘 외롭다. 하나님께 크게 쓰임받은 엘리야도 선지자의 자리에서 내려올 때가 되자 홀로 길을 떠난다. 그리고 마지막까지 정리가 필요한 부분을 세심하게 챙긴다. 자신이 세웠던 선지 학교를 방문해 제자들을 격려한 것이다.

떠날 때 겸손하라

무대 위에서 화려했던 인생일수록 떠날 때 더욱 겸손해야 한다. 그래야 하나님의 영광이 드러난다. 우리는 엘리야의 삶을 통해 그러한 겸손을 배울 수 있다. 은퇴자는 화려하게 무대 뒤로 사라지고 싶은 유혹을 받는다. 하지만 엘리야는 제자였던 엘리사에게, "제자들을 모아라. 내가 이제 성대하게 은퇴식을 해야겠다"라고 명하지 않았다. 오히려 홀로 조용히 역사의 뒤안길로 사라지기를 원한다.

그런데 엘리사는 제자 된 도리로 스승을 그렇게 보낼 수 없었다. 그러한 엘리사를 떼어 놓고 싶은 엘리야와 스승을 쉽게 놔주지 않는 엘리사는 이 문제를 놓고 계속 씨름한다. 참 아름다운 모습 아닌가. 떠나는 사람은 조용히 떠나고 싶어 하고, 보내는 사람은 최선을 다해 섬기고 싶어 하는 모습 말이다. 문제는 이것이 거꾸로 되었을 때 발생한다. 떠나는 사람은 좀 더 대접받고 싶어 하고, 보내는 사람은 '이제 그쯤하고 빨리 사라졌으면 좋겠다'라고 생각하니 싸움이 나는 것이다.

이런 일은 영적인 능력은 사람이 아닌 하나님께로부터 나온다는 사실을 잊기 때문에 생긴다. 엘리야는 자신의 영적 능력의 근원은 오직 하나님이라는 것을 누구보다 잘 알았기에, 자신이 가진 영감의 갑절을 구하는 엘리사에게 겸손하게 반응한다.

이르되 네가 어려운 일을 구하는도다 그러나 나를 네게서 데려가시는 것을 네가 보면 그 일이 네게 이루어지려니와 그렇지 아니하면 이루어지지 아니하리라 하고 _ 왕하 2:10

엘리야는 모든 영적 능력의 원천을 하나님께로 돌린다. 병 고침의 은사, 상담의 은사 등 모든 은사는 성령으로부터 온다. 목회자의 안수 기도는 이런 점에서 특별한 주의가 필요하다. 목회자는 하나님의 대리인일 뿐이다. 능력의 원천이 자신에게 있는 것처럼 행동해서는 안 된다.

엘리야를 통해 놀라운 이적들이 나타난 것은 부인할 수 없는 사실이다. 그러나 엘리야는 그 능력들이 자신에게서 나왔다고 여기지 않았다. 그는 전적으로 하나님께 무릎 꿇음으로써 놀라운 이적을 행하는 통로로 쓰임받은 것이다. 엘리사가 영감의 갑절을 구한 이유는 개인적인 욕심과 열정 때문이 아니라, 영적인 장자권을 승계받기 원한다는 상징적인 의미다. 떠나는 리더에게도 배울 점이 있지만, 떠오르는 리더 엘리사의 지혜도 본받아야 한다.

리더십 승계를 생각할 때마다 명심해야 할 점이 있다. 그것은 위대한 지도자들에게는 부르심 직후, 그리고 사역 시작 전에 시험이 찾아온다는 사실이다. 예수님이 40일 동안 금식하시며 광야에서 받은 시험이나, 느헤미야가 성벽을 재건하는 과정에서 암몬 족에게 방해받은 사건을 보면 이를 잘 알 수 있다. 하나님의 사람들은 시험을 통과해야 비로소 본격적인 사역의 장에 설 수 있다. 엘리사도 엘리야의 후계자로 지목받으며 충분히 권력을 탐하는 유혹에 빠질 수 있었다. 하지만 그는 겸손한 마음으로 영적인 장자권만을 사모하며 리더의 자리를 물려받는다.

떠남의 아름다움을 몸소 보여 준 이동원 목사는 후임으로 세워지는 리더는 충성도 테스트, 홀로서기 테스트, 믿음의 테스트를 통과해야 한다고 했다. 하나님과 공동체를 위해 헌신하고 굳건한 믿음으로 공동체를 이끌 수 있는 사람만이 리더가 될 진정한 자격이 있다는 뜻이다.

후계자의 자격

엘리야는 겸손한 마음으로 자신을 놔주지 않는 엘리사를 떼어내려 했다. 아무리 그래도 후계자가 떠나는 리더를 그냥 보내서는 안 된다. 가끔 "나는 하나님을 따르는 사람이지 사람을 따르는 사람이 아니다"라고 말하는 이들을 본다. 하지만 눈에 보이는 사람을 따를 줄 모르는 사람은 하나님을 따를 수 없다. 많은 사람이 누군가를 따라 본 적 없이 리더가 되려고 하는데 그것은 참 위험한 생각이다. 팔로워십이 부족한 사람은 리더십도 없다. 팔로워로서의 경험 없이 리더가 된 사람은 끝까지 리더십을 발휘하지 못하는 경우를 본다.

엘리사는 소로 밭을 갈다가 엘리야의 부름을 받고 소를 버린 채 달려왔다. 그리고 엘리야의 조수 노릇을 했다. 엘리야가 처음부터 자신의 후계자로 엘리사를 불렀는지는 알 수 없다. 그러나 엘리사의 열정은 하나님의 사람 엘리야는 물론 하나님을 감동시키기에 충분했을 것이다. 지도자가 되기를 꿈꾼다면 이처럼 순수한 열정이 필요하다.

그런데 엘리야가 승천할 것이라는 사실을 아는 사람은 엘리사만이 아니었다.

> 벧엘에 있는 선지자의 제자들이 엘리사에게로 나아와 그에게 이르되 여호와께서 오늘 당신의 선생을 당신의 머리 위로 데려가실 줄을 아시나이까 … _ 왕하 2:3

다른 생도들도 스승의 은퇴를 알았지만 그들은 엘리사처럼 반응하지 않았다. 그들에게는 열정이 부족했다. 오히려 그들은 마지막까지 스승을 좇는 엘리사에게 "너 줄 잘못 섰어!"라고 말했다. 우리 인생을 가만히 들여다보면, 가장 가까이 있는 사람이 자신을 가장 힘들게 하곤 한다. 엘리사의 동료들은 물러나는 엘리야를 끝까지 붙드는 엘리사를 끈 떨어진 연 신세라고 놀렸다.

세상적인 눈으로 보면 엘리사는 지는 해를 좇는 것처럼 보인다. 하지만 상황에 따라 이리 붙었다 저리 붙었다 하는 사람은 지도자 자격이 없다. 한마디로 의리 없는 인생은 지도자로서 자격이 없다는 말이다. 뭘 하더라도 끝까지 지속하는 것이 중요하다. 포기하지 않는 믿음은 영적 지도자의 중요한 요건이다.

포기할 줄 모르는 집념

교회 사역도 마찬가지다. 프로그램 하나를 시작하면 진득하게 결과를 기다려야 하는데, 자꾸 중간에 뚜껑 열어 보고, 평가하고, 다른 것을 기웃거리니 죽도 밥도 안 된다. 이런 식으로 사역하며 애꿎게 프로그램들만 탓하는 교회와 교역자가 많다. 문제는 프로그램이 아니라 우리의 태도다. 옆 교회가 뭘 해서가 아니라, 그 프로그램이 우리에게 맞는 것인가, 10년쯤 인생을 걸어 볼 가치가 있는가를 기준으로 프로그램을 선정해야 한다. 물론 그렇게 선택한 방법이 처음에는 잘 안 풀릴 수도 있다. 그러나 지도자에게는 포기하지 않는 집념이 필요하다. 주변 사람들의 조롱과 비아냥거림에도 하나님이 주신 목표를 끝까지 붙잡고 나아가야 열매 맺는 리더로 서게 될 것이다.

생도들과 엘리사의 차이는 무엇인가? 그것은 바로 문제에 반응하는 태도다. 똑똑했던 선지 생도들은 포기가 빨랐다. 그러곤 떠나는 엘리야에게서 눈을 돌렸다. 같은 사람에게 배웠다고 해서 모두 제자가 아니다. 너무 똑똑하면 오히려 자기 꾀에 자기가 넘어가기 쉽다. 하나님은 똑똑한 사람보다 성실한 사람을 원하신다. 한결같이 주님께 헌신하는 사람을 사용하신다.

그렇게 보면 지식이 행동을 낳는 것은 아닌 듯하다. 체험으로 터득한 지식만이 행동으로 연결된다. 머리로만 아는 지식은 주변의 만류와 조롱, 비난, 비판에 금세 꼬리를 내린다. 하지만 하나님의 일하심을 가슴으로 받아들인 엘리사는 주변의 조롱과 비난도 흔들리지 않는다.

··· 엘리사가 이르되 나도 아노니 너희는 잠잠하라 _ 왕하 2:5

쉽게 말하면, 그를 비웃는 다른 생도들에게 "나도 아니까 너희들은 가만히 있을래?"라고 확신에 차 말하는 것이다.

위기와 역경이 닥친 순간, 우리를 향해 쏟아지는 주변의 부정적이고 불리한 시선에 어떻게 반응하는가? 그럴 때는 무반응이 최고의 대처법이다. 느헤미야도 그렇고 엘리사도 그렇고, 척 봐서 영적이지 않은 반응에는 침묵하거나 상대하지 않았다. 때로는 침묵하는 것이 지혜다.

영적인 사람은 환경의 지배를 받지 않고 성령의 이끄심에 민감하게 반응한다. 그들은 주위의 비난과 조롱에 좌지우지되지 않는다. 절박한 마음으로 오직 하나님만을 구한다. 이러한 간절함이 있으면 주변의 시선 따위는 아랑곳하지 않을 수 있다. 하나님은 엘리야를 하늘로 올리고자 하실 때 길갈, 벧엘, 여리고, 요단을 거치게 하셨는데, 엘리사는 그 모든 길을 엘리야와 동행했다. 뚜렷한 목표를 가지고 있었던 엘리사는 결국 스승의 마지막을 함께하고 당당히 후계자의 자리에 오른다.

모자람을 알라

스스로 리더로서 자격이 없다고 여기는 사람이 진짜 자격이 있는 사람이다. 겸손은 건강한 자존감에서 나온다. 비굴해서가 아니라 겸손해서 하나님께, 하나님의 사람에게 매달리는 것이다. 자존감이 건강한 사람은 자존심을 내세우지 않는다. 부모 앞에서는 자존심을 내세울 필요가 없다. 그렇게 체면 차리는 게 영성이 아니다. 그러나 교만한 사람은 멀찌감치 떨어져서 스스로 상황을 판단하고 행동한다.

하나님께 절박하게 매달리라. 현대 교회는 폼으로 신앙생활을 하는 사람이 많다. 멋있게 보이려고 폼 잡지 마라. 자신의 모자람을 알수록 체면을 차리지 않게 된다. 아직 갈 때까지 안 가봤기 때문에 체면을 차리는 것이다. 그래서인지 하나님은 우리가 체면 차리지 못하도록 갈 때까지 가게 내버려 두신다. 아직도 할 말이 남아 있는가? 당신은 아직 멀었다.

얍복 강가에서 하나님의 사자와 씨름하며 끝까지 복을 구한 야곱과, '슬프게 하다'라는 이름의 뜻과는 다르게 살기를 소원하며 복을 주시고 지경을 넓혀 달라고 기도한 야베스를 보라. 그들은 하나님께 매달릴 수밖에 없었기에 애절하게 기도했다.

하나님의 사람들은 하나님 말고는 의지할 것이 없어야 한다. 재주가 뛰어난 사람들은 하나님을 의지하지 않는다. 하나님이 아닌 자신의 뛰어난 재주를 믿기에 형통하지 못할 가능성이 크다. 아니 재주 때문에 망한다. 엘리야가 엘리사에게 남긴 자신의 겉옷은 모세의 지팡이와 같은 것이다. 둘 다 하나님의 임재와 능력을 상징하는 것이지 그 사람의 능력이 아니다. 능력은 오직 하나님에게 있다.

또한 하나님의 위대한 일을 이루기 위해서는 도구를 바꾸어야 한다. 자리가 바뀌면 더 이상 예전의 도구를 가지고 살아갈 수 없다는 사실을 인정해야 한다. 어린 다윗도 거장 골리앗을 상대할 때 갑옷을 버리고 물맷돌을 들었다. 엘리사도 리더의 자리에 오르며 자신의 옷을 찢고, 스승의 옷을 입는다.

리더의 자리는 혼자의 힘으로 감당할 수 없다는 사실을 하나님 앞에서 인정하라. 그리고 마음을 새롭게 하여 새 포도주를 새 가죽 부대에 담으라. 내가 가지고 있던 소중한 것을 내려놓고 하나님이 나에게 어떤 물맷돌을 주실지 기대하는 마음으로 나아가라. 거기서 새로운 역사가 시작되고, 하나님의 임재가 임하며, 착하고 충성된 종이라 칭찬받는 아름다운 마무리를 하게 될 것이다.

시작과 끝을 주관하시는 하나님께 모든 것을 맡기며 나아가면 그 다음은 하나님이 책임지신다. 이것이 아드 폰테스, 근원으로 돌아가야 할 가장 중요한 이유다. 樂

세상을 흔들자, 청춘!

천지창조는 하나님의 Rock 스피릿의 결과다. 태초에 하나님이 혼돈과 공허 그리고 어둠을 말씀으로 깨뜨리고 흔드셔서 천지를 만드신 것이다.요 1:1 그리고 여섯째 날 사람을 만드시고, 그 안에 그분의 Rock 스피릿, 생령루아흐을 불어넣으셨다.

그렇게 창조된 피조물이 거역할 경우 하나님은 다시 흔드신다. 하늘과 땅을 흔드시고, 역사를 통해 인생을 흔드신다. 〈히브리서〉에 보면 거역하는 피조물을 없애버리기 위해 '한 번 더' 흔드시겠다고 말씀하는 장면이 나온다.히 12:27

Rock 스피릿은 창조의 영성이며 동시에 개혁의 영성이다. 하나님은 생명을 주기 위해 흔드셨고, 그 생명을 유지하게 하려고 흔드시며, 죽은 것들을 다시 살리기 위해 흔드신다. 파괴하고 없애버리기 위함이 아니라, 오히려 흔들고 난 후 흔들리지 않는 것들이 남아 있게 하려고 흔드신다. 하늘과 땅뿐 아니라 인생을 흔드시는 하나님의 말씀은 돌이켜 회개하게도 하고, 회개의 결과로 잔치를 벌이

게도 하신다. 하나님이 흔드시면 슬픔이 기쁨으로 변하고, 그 기쁨이 새로운 힘을 공급해 준다. 느8:10

〈출애굽기〉 20장에 보면 하나님이 천지를 흔드시며 천둥소리와 번개와 나팔소리와 산의 연기 속에 이스라엘 백성에게 나타나셨다. 그때 백성들은 두려워 떨며 멀찍이 물러섰다. 두려움에 휩싸인 이스라엘 백성이 모세에게 몰려와 부탁한다. "하나님이 우리를 말씀으로 흔들게 하지 마시고, 차라리 당신이 우리에게 말씀하십시오. 하나님이 직접 말씀하시면 우리는 영락없이 죽습니다. 당신이 말씀하시면 우리가 듣겠습니다." 그러자 모세는 백성에게 하나님의 Rock 스피릿이 그들을 죽이려는 것이 아니라, 오히려 하나님께 범죄하지 않게 하여 살려 주시려는 것이라고 위로한다.

하나님이 흔드시면 우리의 숨겨 놓은 죄가 드러난다. 세상은 Rocker를 싫어한다. 하나님을 경외하고 두려워하는 일에 대하여 경고하는 설교자를 싫어한다. "우리에게 죄책감을 주는, 불편하게 만드는 메시지 말고, 좀 더 부드러운 메시지를 들려주시오"라고 요구했던 이스라엘의 백성처럼, "이제는 제발 비판적인 설교, 힘든 설교는 그만하세요. 심판에 대한 설교, 우리를 끊임없이 불편하게 만드는 Rock 스피릿 충만한 설교는 우리로 하여금 죄책감에 빠지게 할 뿐입니다. 하나님의 사랑과 무조건적인 용서에 대해서만 설교해 주세요. 긍정의 힘, 얼마나 좋습니까?"라고 요구한다. 하지만 현대인들이 잊고 사는 아주 중요한 것이 하나 있다. 그것은 우리의 죄가 드러나면 죽는 것이 아니라 숨겨 놓은 죄를 드러내지 않으면 죽는다는 사실이다.

이 백성은흔드시는 하나님의 Rock스피릿을 싫어하는 사람들 반역하는 백성이요, 거짓말을 하는 자손으로서, 주님의 율법은 전혀 들으려 하지 않은 자손이다. 선견자들Rocker에게 이르기를 "미리 앞일을 내다보지 말아라!"하며, 예언자들에게 이르기를 "우리에게 사실을 예언하지 말아라! 우리를 격려하는 말이나 하여라! 가상현실을 예언하여라! 그 길에서 떠나거라! 그 길에서 벗어나거라. '이스라엘의 거룩하신 분' 이야기는 우리 앞에서 제발 그쳐라" 하고 말한다. _ 사 30:9-11, 표준새번역, 작은 고딕글자는 필자 첨가

여기서 "격려하는"이라고 번역된 단어는 원래 '아부하는'이라는 의미를 가지고 있다. 한마디로 시대를 흔드는 메시지를 던지는 Rocker들을 협박하는 것이다.

"당신, 계속 그런 식으로 설교하면 재미없어!"

하나님은 그분의 흔드심을 통해 우리가 잠에서 깨어나 정신차리기를 원하신다. 하나님의 뜻을 거슬러 다시스로 배타고 도망가는 도중에 배 안에서 잠든 요나를 정신차리게 하시기 위해 요나가 타고 있던 배를 흔드셨다. 욘 1:1-17 하나님이 우리의 인생을 흔드시는 두 번째 이유는 제자리로 돌아가게 하심이다. 원래 요나는 니느웨로 가게 되어 있었다. 그러나 주님의 낯을 피하여 다시스로 도망갔다. 하나님이 요나가 타고 있던 배를 거의 부서질 정도로 흔드신

까닭은 요나를 죽이기 위함이 아니라, 제자리로 돌려보내기 위함이었다.

하나님은 아들 예수 그리스도를 통해 우리에게 "흔들리지 않는 나라"를 주셨다. 이 세상을 구원하시기 위한 Rocker로 아들을 보내신 것이다. Rock 스피릿 충만한 아들 예수의 사역에 대한 우리의 반응은 경건함과 두려움으로 섬기는 것이다. 하나님이 기뻐하시도록 그를 섬기는 것이 이 시대 Rocker의 사명이다. 《천번은 흔들려야 어른이 된다》는 책이 있었다. 어른을 다른 말로 '성인'成人이라고 하는데, 우리에겐 또 다른 성인聖人이 있다. 흔들리면 성인成人이 되지만, 흔들면 성인聖人이 된다. 우리는 흔들리는 성인成人:어른이 아니라, 세상을 흔드는 성인聖人:경건한 하나님의 백성이 되어야 한다. 이제 우리를 흔드시는 그분의 말씀으로 이 세상을 흔들어 보자, 청춘!

———

잘 나가는 책을 쓰고 싶었다. 그래서 처음에는 자기 계발서처럼 성공하는 법에 대한 근사한 이야기를 풀어 놓고 싶었다. 하지만 내 꼴이 형통과는 아주 거리가 멀었다. 그리고 세상은 아찔한 속도로 변하고 있다. "이렇게 하면 성공한다"라고 이야기하는 순간, 전혀 다른 방법으로 성공하는 사람들의 이야기가 회자되는 시대다. 우리가 지금 알고 있는 것으로 내일의 성공을 이룰 수 없다.

나는 어떻게 하면 성공할 수 있는지는 말해 줄 수 없지만, 어떻게 하면 망하는지는 잘 알고 있다. 내 얘기만 해주면 되니까. 수많은 실패를 통해 배운 게 있다면, 본질에서 벗어나면 망한다는 사실이다. 복잡해지고 불안해질수록 인간은 확실한 것으로 돌아가려는 본능이 있다. 그것이 본질이다.

급변하는 사회 속에서 미래를 준비하려면 오히려 과거로 돌아가야 한다. 즉 기초와 기본으로 돌아가는 것이다. 이 역할을 교육이 맡아야 한다. 교육은 기존의 생각을 흔드는 일이다. 그래서 나는 교육을 Rock이라고 생각한다. 교육은 깨뜨림이다. 기존의 틀을 깨뜨리지 않으면 안 된다. 교육은 또한 저항 정신이다. 저항이라 함은 단순한 '개김'이 아니라, 기준에서 벗어날 때마다 제자리로 돌아가려는 몸부림이다. 이것이 바로 아드 폰테스 정신이다.

아드 폰테스 정신이 르네상스나 종교 개혁과 같은 저항 정신의 바탕이 된 것은 우연이 아니라고 생각한다. 끊임없이 흔들어야 한다. 깨달음은 깨어짐을 통과한 후에야 생긴다.

이제 본질로 돌아가서 새로운 깨달음이 태어나게 하자. 오래된 미래, 아드 폰테스. 과거 속으로 미래 여행을 떠나자.

Rocker 목수. 전 병 철

참고 문헌

강준민, 《엘리야의 기도》(넥서스CROSS) / 《자람의 법칙》(두란노)

고승희, 《악의 뿌리》(넥서스CROSS)

기시미 이치로&고가 후미타케, 《미움받을 용기》(인플루엔셜)

김정운, 《노는 만큼 성공한다》(21세기북스) / 《에디톨로지》(21세기북스)

레너드 스위트, 《나를 미치게 하는 예수》(IVP) / *The Well-Played Life: Why Pleasing God Doesn't Have to Be Such Hard Work* (Tyndale Monentum)

로버트 W. 파즈미뇨, 《기독교 교육의 기초》(디모데)

로널드 롤하이저, 《성과 성의 영성》(성바오로출판사)

릭 워렌, 《목적이 이끄는 삶》(디모데)

마이클 그리피스, 《내 삶을 받으소서》(IVP)

마이클 오, 《나는 아무것도 아닙니다》(규장)

스캇 펙, 《아직도 가야 할 길》(율리시즈)

어윈 맥매너스, 《코뿔소 교회가 온다》(두란노)

유진 피터슨, 《메시지》(복있는사람)

윤성기 & 최민수, 《괜찮아》(넥서스BOOKS)

이현세, 《인생이란 나를 믿고 가는 것이다》(토네이도)

이황 & 기대승, 《퇴계와 고봉 편지를 쓰다》(소나무)

정진홍, 《완벽에의 충동》(21세기북스) / 《인문의 숲에서 경영을 만나다 1, 2》(21세기북스)

제임스 브라이언 스미스, 《선하고 아름다운 하나님》(생명의 말씀사) / 《선하고 아름다운 삶》(생명의 말씀사) / 《선하고 아름다운 공동체》(생명의 말씀사)

조성노, 《믿음인가 미신인가》(넥서스CROSS)

조현삼, 《파이프 행복론》(김영사)

존 파이퍼, 《열방을 향해 가라》(좋은씨앗)

주철환, 《PD 마인드로 성공 인생을 연출하라》(사람in)

테드 베어 & 팻 분, 《크리스천 부모와 자녀의 대중문화 읽기》(디모데)

페리 다운즈,《기독교 교육학 개론》(은성)
폴 스티븐스,《그분의 말씀 우리의 삶이 되어》(복있는사람)
프레드릭 뷰크너,《하나님을 향한 여정》(요단출판사)
필립 얀시,《놀라운 하나님의 은혜》(IVP)
헨리 나우웬,《모든 것을 새롭게》(두란노)
헨리 클라우드&존 타운센드,《No!라고 말할 줄 아는 그리스도인의 성장 프로젝트》
   (좋은씨앗)
황대권,《민들레는 장미를 부러워하지 않는다》(열림원)
A. B. 심슨,《성령님에 대한 묵상》(두란노)
M. 스캇 펙,《아직도 가야 할 길》(율리시즈)

〈그외〉
권성수, "빌 3장 : 율법주의와 반율법주의의 도전과 바울의 응전",《빌레몬서/빌립
   보서 어떻게 설교할 것인가》(두란노)
류응렬, "나의 양심은 하나님 말씀에 사로잡혀 있습니다",《아름다운 동행》(2012년
   6월 1일)
류호준, "야곱의 피치 못할 두가지 만남"(창세기 32-33장 주해와 적용),《그말씀》
   (두란노, 2003년 3월호, pp. 27-39)
제일기획, "대한민국 17-39세 젊은이들 'P세대' 조사 결과발표"
"우리는 마시멜로를 먹지 않았다,"《뉴욕타임스》(2014. 1. 12.)
이승현, "혁신의 시대 미래를 보는 레고", 삼성경제연구소, SERICEO 강의 동영상
조준모, "길"(노래 가사)